「移民時代」の日本のこれから

――現代社会と多文化共生――

大重史朗著

揺籃社

もくじ

【はじめに】現代社会をめぐる多文化共生 ……………… 1

1 グローバル化をめぐる課題 1
2 本書の目的 10
3 本書の進め方 11

【第1章】日系移民の歴史を探る ……………… 15

1 「日系人」とは何か 15
2 南米系移民の定義づけはどこまでできるか 20
3 ブラジル移民の現地での生活 27
4 ペルー移民の現地での生活 33
5 移民の歴史から学ぶこと 40

【第2章】ブラジルとペルーの経済状況と日本の入管法改正 …… 42

1 ブラジルの経済状況 42
2 ペルーの経済状況 45
3 入管法改正の意義 47
4 影響が大きい入管法改正 50

【第3章】外国人集住都市の子どもの教育 ……………… 52

1 外国人集住都市の代表格、浜松市の実例 52
  1-1 浜松市の外国人学校の様子 52
  1-2 浜松市の外国人学校の実情 55
  1-3 浜松市の外国人学校の保護者がもつ教育観 56
  1-4 浜松市の外国人学校の日本語教師の実情 59
  1-5 浜松市の外国人学校から考えられる多文化共生のあり方 61
  1-6 浜松市の外国人教育施策のいま 64

もくじ i

2　外国人集住都市・群馬県大泉町の実情　68

　　2-1　群馬県大泉町の外国人学校の現状　68

　　2-2　大泉町の外国人をめぐる施策　71

　3　兵庫県宝塚市の外国人施策　75

　4　子どもの教育環境からわかること　86

【第4章】国内の日本語教育の現状 …………………………………… 91

　1　中央省庁の日本語教育施策はどこまで進んでいるか　91

　2　中央省庁が進める日本語教育　97

　3　「生活者」としての認識を新たに　101

【第5章】多文化教育をめぐるヨーロッパ諸国との比較 ………… 103

　1　イギリスの移民の状況　103

　2　ヨーロッパ移民と多文化共生　107

　3　イギリスの移民問題と学校での排除　109

　4　ヨーロッパとは違う日本の「多文化共生」　113

【第6章】多文化共生とは何か …………………………………… 116

　1　「多文化共生」概念の考察　116

　　1-1　多文化共生における「多文化」とは何か　116

　　1-2　多文化共生における「文化」とは何か　117

　　1-3　「多文化共生」概念が生まれた背景　124

　　1-4　閉鎖的であることが特徴の日本人の「異文化排除」の価値観　126

　　1-5　排外主義はどうしておきているのか　134

　2　都市コミュニティから考える「多文化」　136

　　2-1　外国人集住都市にみられる排他性と寛容性　136

　　2-2　「多文化」の実現はシナジーを生み出す　139

　　2-3　多文化共生の概念に向けた都市コミュニティ論的考察　140

　　2-4　都市エスニシティの観点からの共生　146

3 教育現場の「多文化共生」 148
　3-1 教育現場からの「多文化」概念と政府の立場 148
　3-2 子どもの教育における共生感覚 150
　3-3 多文化の教育現場にみる排除とその予防法 153
4 「共生」理論の別の側面 156
　4-1 「共生」と「同化」の違い 156
　4-2 西洋諸国のほとんどでは「統合」としての認識が強い 159
　4-3 差別や排除にもなる「共生」理論 160
　4-4 「共生」理論の新たな考え方 166
　4-5 多文化共生における人権と行政および法的課題 167
5 忘れてはならない「生活者」の視点 170

【第7章】これからの多文化共生、外国人子弟の教育と日本のあるべき姿 …… 172

1 これからの「多文化共生」概念とは 172
2 多文化共生を実現するための教育のあり方とは 174
3 教育現場での国際化をどう実践するか 176
4 日本の多文化共生社会のあるべき姿 179

【おわりに】 …………………………………………………………… 185

〈おもな参考文献一覧〉

【はじめに】
現代社会をめぐる多文化共生

1　グローバル化をめぐる課題

　現代日本では「格差社会」だと言われている。2013年6月の完全失業率は3.9％と4年8か月ぶりに3％台に回復したものの、2008年のリーマンショック以降、5％台を記録するなど、高い失業率が続いてきた。現在も衆参両院で自民党政権が復活し、アベノミクスなどと言われるほど景気回復の兆しがあるとされている。しかし、90年代初頭のバブル崩壊以降、安泰な生活を送れずにきた一般市民の立場からすると、景気回復感が完全に得られたとは言えず、消費も手控える状況が続くなど、日本をとりまく経済は決して油断できない状況といえる。

　この20年ほどを振り返ると、民間企業の終身雇用制は崩壊し、そのような制度は、「そもそもマスメディアが作った幻想だったのではないか」とまで言われるほど、バブル時代以前の社会システムの「常識」が次々と覆されている。一度何らかの職に就いたら、一生涯、その仕事で人生を終える、つまり、企業や公共機関などの一つの組織に奉職するのが当然であると誰も疑問に思わなかった慣例が、21世紀を迎えたころから音を立てて崩れ始めたのである。

　そして、正社員になれた人はひとまずおくとしても、新卒の時点で正社員として就職できなければ、一生涯、非正規社員として不安定な生活を送らなければならないといった格差が生じ、現在までも続いているのである。一度、非正規社員として歩き出すと、なかなか正社員として登用されにくいなど、格差が二極化したまま固定され、正規社員か非正規労働者なのかといった完全な身分制度が出来上がっているのである。そうした中で、人々の働き方も決して、正社員として一種類の仕事を続けるとは限らない、とい

うよりもひとつの仕事で生涯を終えることができないほど、格差が当たり前の時代に突入したのである。

もともと日本は戦後、1950年代から70年代にかけて高度経済成長期を通過してきた。私の生まれた1964年（昭和39年）は日本で初めてオリンピックが開催され、東海道新幹線が開通した記念すべき年でもあった。そして、そのころから日本の労働者たちにとっては「努力すれば報われる」時代だとされた日本経済の「青春時代」を謳歌し、働けば働くほど目に見える形で所属する会社の業績が上がり、無理してでも残業をすれば、青天井で残業代がもらえる時代でもあった。

社会的にみても1970年に大阪で万国博覧会が開かれ、75年には沖縄海洋博覧会が開催されるなど、日本は飛ぶ鳥も落とす勢いで、世界に進出し、先進国の仲間入りをしていった高度経済成長の時代だった。

そのころ、例えば、一般市民に自分の社会的地位はどのあたりかを質問すると、「我が家の生活は決して上流階級とは言い難いが、下流とも言えず、ひとまず中流ではないか」と考える人々が増え、「一億総中流時代」などと呼ばれるほど、経済的には平和な時代を過ごしてきたといえる。

その後、1980年代になると株価や地価が高騰するバブル時代に突入することになる。私はまさに学生時代をこの時代に過ごしたことになるが、大半の民間企業で経費をどうにか消化するのに躍起になっていた。繁華街の飲食店で、いわゆるサラリーマンたちは、取引先や、場合によっては同じ職場の同僚との飲食代を会社の経費として落とすために領収書をもらう「社用族」と化していった。企業側も翌年に予算を持ちこさないよう、「とにかく予算は消化しきる」という考え方が正社員の間に暗黙の了解としてあり、会社の経費の一部として落とせるタクシーチケットも取引先に名刺代わりに配り、深夜まで２次会、３次会と飲み会に明け暮れていた時代である。

例えば、タクシーの運転手などは、現代なら「１メーターでもどうぞ」と低姿勢で仕事に臨んでいるのが当然とみられている。しかし、当時であ

れば、行き先を聞いて都内の数千円でたどりつける区間であれば、乗ろうとする客に乗車拒否をすることは決して珍しくなかったのである。当然のことながら誰でもが「正社員」である以外は考えられない時代であるが、まさに当時のサラリーマンたちは、バブルに浮かれて夜道を酔っぱらって闊歩していた時代なのである。

90年代も半ば近くなると「バブルは崩壊した」と言われ始めた。実際、91年の新卒と92年の新卒入社組では人数も質も全く違うことが肌で感じることができた。そして、97年、国内で衝撃的な「事件」が起きた。金融関係への就職を希望する大学生がうらやむ4大証券会社の一つとされた山一証券の破綻である。

「日本の4大証券」と位置づけられ大学の経済学部や商学部の学生であれば、銀行や証券会社、生命保険や損害保険会社に行くのが普通だった。当時はまだ、学部制限があり、金融関係の企業はバブル時代であっても文学部や教育学部などは学部指定されず、事実上採用試験の受験資格がなかった。それだけ銀行や証券会社は社会科学系の学部学生にとっては「花形」だったのである。

それが4大証券の一つである山一証券の社長がテレビカメラを前に泣きながら記者会見をしていた光景が、テレビのニュース番組で映し出されたことは、日本人は心のどこかで日本経済が本格的に「冬の時代」に入り始めていることを少しずつ感じ取っていたのではないかと思われる。少なくとも「一億総中流」の感覚は崩れ始めていたのは明らかである。

2000年代半ばを過ぎたころから、「格差社会」が時代のキーワードになっていた。ある程度の「痛み」は伴わなければならない、といった自民党政権の「弱者切り捨て」とも言える政策で「勝ち組、負け組」といった社会のあらゆる立場の人に対する「色分け」や「選別」がなされるようになった。雑誌もこぞって「勝ち組、負け組」の見出しをつければ、働き盛りのビジネスマンたちに売れると考えていたようで、どれをみても同じような中吊り広告のキャッチコピーを考え、格差のある社会が当然視されるまで

に至った。

　そして2008年、リーマンショック以後、日本経済も打撃を受け、日本の高度経済成長はもはや歴史上の話であるかのごとく景気が低迷し、雇用の確保も難しい「厳冬時代」に突入したのである。

　さらに2011年3月、東北地方を襲った東日本大震災は、国内の景気回復を遅らせ、さらに、震災翌日におきた東京電力福島第一原子力発電所の放射能漏れ事故は、これまでの日本の安全神話すら崩壊させただけでなく、原子力発電の存在そのものに疑問をもちながらも電気や水道、ガスなどのライフラインを地域ごとに一大企業に担わせて当然だと思ってきた私たちの無神経ぶりに対しても、改めて反省せざるを得ない状況を生み出した。

　このように日本が景気低迷路線を歩まざるを得ないこの20年ほどの間、雇用の面では単に日本人の間の経済格差を生んだだけではなかった。日本の雇用の実態が、かつて、正社員のサラリーマンが夜の繁華街を闊歩していた時代とは明らかに変貌を遂げることになったのである。

　まず、日本人の雇用形態が変化した。正社員が減少し、契約社員や派遣社員など非正社員の増加が顕著になった。2012年の非正規従業員は約2043万人で、雇用者全体の38.2%、そのうち、男性は22.1%、女性は57.5%と男女とも上昇が続いている。[2]

　これまでにも定住できる現住所がないため、インターネットカフェに寝泊まりして、そこで就職活動を続ける「ネットカフェ難民」とか、派遣労働者が雇用契約を継続させてもらえない「派遣切り」、部下が存在せず、単に雇用側が残業代の支払いを逃れるだけのために任命された「名ばかり管理職」、そして働き続けても低収入が続く「ワーキングプア」など、雇用をめぐる新たな言葉が出現しては忘れ去られる、というよりも、今さら言葉を聞いても驚かなくなっている状態が続き、現代においても雇用をめぐる環境が改善されたとは決して言えないのである。

　このような格差が当然のこととなった現代では、人々の暮らしはどうなっているのか。格差は明らかに貧富の差を生んでいる。ごく一部の富裕

層とごく一部の低賃金で生活に困る人々以外は「一億総中流」であった時代とは対照的に、社会が富裕層と貧困層の二極化を生み、拡大し、さらに一度非正社員になったら正規雇用は難しい、などの格差が固定された社会構造を生み出した。

そうなると労働者である一般市民はどういう心境に置かれるだろうか。まず、消費意欲が低迷し、経済の「歯車」が動かなくなり、社会全体の活力が失われることになる。それを打破するために世の政治家たちはもう一度高度経済成長時代の「夢」を追い求め、半世紀ぶりに東京にオリンピックを招致しようといった運動を行い、招致運動にはひとまず成功したが、どこまで日本経済の飛躍の「カンフル剤」になるかは不透明である。

それどころか、毎年3万人前後の自殺者が後を絶たないほか、自殺を選ばなくとも会社内でもうつ病による休職者が増え、勤労意欲が低下する事態となっている。少なくともかつてのような「努力すれば報われる」時代などとは決して言えないのである。

格差が固定すれば、教育や医療、福祉のサービスを受ける機会が不平等になることが想定できる。教育をみても生活保護を受ける親の子どもがさらに成人になり、生活保護を受ける立場になりやすいなど、教育を受ける機会が不平等となり、不平等の連鎖、悪循環が益々格差を固定する形になっている。

これは単に社会構造上の問題ではない。経済的な理由から「結婚したくてもできない」、「結婚しても子どもが作れない」などといった経済格差が生まれ、少子化にさらなる拍車をかけることになる。さらに前述したような生きる意欲の低下が助長され、自殺者やうつ病患者の増加が想定できる。

こうした社会情勢の悪化を克服するため、政治家たちは何を考えるか。「カンフル剤」として思いつくことは一時的な公的な補助金を増やすことだけで、政権交代して期待を寄せられた民主党でさえ、子ども手当など、「その場しのぎ」の補助金バラマキに終始するしか打つ手がなかったのは記憶に新しいところである。オセロゲームのように自民から民主へ、民主

から自民へと政権が交代しても、根本的に格差社会がなくなる気配はないのである。

このような格差が国内で生じているのは、民間企業がコストを削減するため、とくに人件費を抑制するため、海外に工場などを移転し、現地において、日本国内で従業員を雇うよりも安い賃金で働かせ、コストカットを行っているという事情がある。こうした状態は企業のグローバル化の一側面とみられている。確かに、グローバリゼーションの一般的定義としては、「ヒト・モノ・カネ・情報」が国境を越えて自由に移動し、それにより世界中の国々が相互依存を強めていく状態であるとされる。それに従えば、日本の大企業を中心に海外に進出し、工場を建設したり、現地法人を設立したりしてネットワークを世界に広げることは、時代のニーズに即していると言える。まさに「グローバル化」は現代の象徴的なキーワードとして、むしろ華々しさすら感じられる時代となった。

ある衣料品メーカーなどは日本より人件費が安い中国を生産拠点として売り上げを伸ばしてきたが、日系企業に対してストライキや中国での人件費そのものが上昇しはじめるとバングラデシュに拠点を移して生産を始めている。職種にもよるが、中国（上海）は日本の賃金の4分の1から5分の1程度、バングラデシュの首都ダッカの賃金は中国（上海）の人件費の4分の1から5分の1程度とされている。[3]

そこで世界中いくつもの国に生産や販売の拠点をもち、グローバルな視野でその企業全体の最大の利益が上がるように活動する企業を多国籍企業と呼び、安い労働力や低い労働条件、環境基準が緩い国を求めて世界中を移動しながら経済活動を行う巨大企業が世界各地に出現している中で、日本の企業も多国籍化が進んでいるのが現状である。

日本企業の海外進出や海外への生産移転は増加の一途をたどり、海外現地法人数は2001年度に約1万2000社だったのが、2011年度には約1万9000社と増加、製造業だけをみても約6500社が約8600社に増加している。[4]
海外進出する理由は、単に労働力コストが安いだけではなく、現地や進

出先の近隣国の需要が旺盛で、今後の市場の拡大が見込まれ、現地の顧客ニーズに応じた商品開発や販路拡大が可能であることが推察される。もともと日本は国内で生産した製品を海外に輸出していたが、為替リスクの回避や国際競争力を増すために現地で生産と販売を両立させた方が、メリットを感じているとみられる。

　こうした国内企業の海外進出は、産業の空洞化を招き、国内有数の中小企業が集まる地域では1990年代の半分以下に工場が減少している。これまでは日本の技術者たちはマニュアル化できないほど精密で熟練した技術を持ち合わせており、企業の「財産」として職人気質の社員を尊重する企業風土が根付いていた。しかし、自動車やIT関連企業が部品や周辺機器、ソフトなどの海外現地調達を強化し続けた結果、「匠の技」もアジア諸国に比べ高い人件費がかかることを考慮すれば、「背に腹は変えられない」とばかりに海外の労働力に頼らざるを得なくなっているのが、日本の多国籍企業であり、「グローバル化」の実情とも言える。

　そうした中で、安い人件費で労働者を海外に求める企業が増えるあまり、日本国内で働く世代の需要が少なくなり、職に就けない若者が増えている実態がある。その一方で、外国人労働者を受け入れる傾向が強くなっている。この20年間を振り返るだけでも、外国人労働者が年々増えている。

　現在、国内には2012年末現在で約203万3000人の在留外国人がいる。国内の在留外国人は中国が約65万2000人、韓国・朝鮮が約53万人で圧倒的な数を占めており、東京都新宿区の新大久保地区は日本のコリアン街として新たな観光地としてブームを呼んでいる。[5]
このように半数以上の外国人が中国および韓国・朝鮮系の住民で、都内を中心に各地に住んでいる一方で、製造業を中心とした北関東や中部・東海地方を中心に90年代ごろから南米系の日系人が移り住んでいる。
2008年のリーマンショック以後は国内の景気低迷とは対照的に、ブラジルなど本国の景気が好転したことや、2011年の東日本大震災や原発事故を契

機に本国に帰る日系人が増えた。にもかかわらず、2012年時点でも中長期滞在者は、ブラジル人約19万人、ペルー人約4万9000人にのぼり、国内の製造業の労働力を支えているのが実情である。

　法務省入国管理局はこれまで外国人登録法に基づき、外国人登録をしている外国人の統計を作成してきたが、2012年7月に出入国管理及び難民認定法（いわゆる入管法）が改正され、新しい在留管理制度を導入したため、2011年以前と統計の面では単純な比較はできないのが実情である。全体的にここ数年は在留外国人数が減っており、前年と比べても中国が2.4％減、韓国・朝鮮が2.2％減と1万人程度減少している。ブラジル人は2002年以降、2007年の約31万3000人をピークに、また、ペルー人は2008年の約5万6000人をピークに減り続けている。

　とはいえ、こうした南米系の日系人が日本に移住して働いている現状から、10年ほど前からニュー・カマーと呼ばれる南米系労働者が多く住む多文化共生都市を目指す国内27自治体が「外国人集住都市」として集まり、国際交流にとどまらず、外国人住民をとりまく福祉や教育の問題を話し合い、外国人との共生のあり方を模索している。[6]

　外国人労働者をめぐっては「不法労働」や「低賃金」など、雇用や福祉面で社会問題になることが多い。中でも注目すべきは、労働者とともに来日した子弟の教育問題である。地元の公立校では日本人の教師や同級生と言葉が通じず不登校になることが多い。母国語で学習できるブラジル人学校など外国人学校はあるものの、一部を除き「私塾」扱いで学校に公的補助が出ず経営が行き詰まるケースが少なくない。

　一方、これらの学校は製造業を中心とする企業城下町に多く設置されている。私が2002年4月から2年半におよび、静岡県浜松市に新聞記者として赴任した際、日本人住民と日系人が共生する中核都市と内外に宣伝されている同市の新幹線駅の駅前で、日系外国人の児童・生徒が昼間からスケードボードなどに乗って仲間と時間を過ごし、不登校状態でいるのを目撃した。各地が真の国際都市をめざしている現状からみても、地域住民の

街づくりの観点からも決して望ましい姿だとは思えないと感じていた。

そして、年を重ねるにつれてスケードボードで遊ぶ少年の姿はみなくなったものの、多文化共生都市を目指すとされる、同市と同じように国際都市を標榜する地域をみても、本文中で具体的に紹介していくが、彼らの教育環境を取り巻く状況は、行政側の努力もあり日々理想に近づきつつあるものの、時々刻々と移り変わる世界情勢や国内状況のもと、現代社会におけるさまざまな課題に対応するため、「これで終結」とは決して言えない、予断を許さない状況であることは言うまでもないことである。

《表１》最近５年間の国籍・地域別在留外国人数

国・地域	2008年	2009年	2010年	2011年	2012年	構成比
中　国	644265	670683	678391	668644	652555	32.1
韓国・朝鮮	580760	571598	560799	542182	530046	26.0
フィリピン	193426	197971	200208	203294	202974	10.0
ブラジル	309448	264649	228702	209265	190581	9.4
ベトナム	40524	40493	41354	44444	52364	2.6
ペルー	56050	54607	52385	51471	49248	2.4
米　国	51704	51235	49821	49119	48357	2.4
タ　イ	36560	37812	38240	41316	40130	2.0
インドネシア	26190	24777	24374	24305	25530	1.3
ネパール	11556	14745	17149	20103	24069	1.2
台　湾	–	–	–	–	22773	1.1
その他	194199	197001	195838	193206	195029	9.6
上記以外※	72744	60550	46890	31159	–	
総　数	2217426	2186121	2134151	2078508	2033656	

※は上記各国・地域の中長期在留者に該当しない在留資格の人数

○ 2011年までは外国人登録者数、2012年は中長期在留者に特別永住者を加えた在留外国人の数。
○ 2011年までの「中国」は台湾を含む。
○「構成比」は2012年の数値（％）。それ以外の数値は人数。
（法務省ホームページ；http://www.moj.go.jp/content/000111677.pdf より抜粋）

2 本書の目的

　本研究ではＮＰＯ法人から各種学校、そして短期間にして学校法人化に成功したペルー人学校（現在はブラジル人とペルー人の両国を対象とした外国人学校として発展している）を抱える静岡県浜松市や日系ブラジル人学校を抱える群馬県大泉町、新たに南米系住民が増え始めている兵庫県宝塚市などの取り組みを現地調査している。とくに外国人集住都市として先進事例として研究者の間でも取り上げられるようになった浜松市と大泉町でも、多文化共生をテーマとする研究者が本格的に研究対象としているのは、まだこの10年ほどであることが認められる上、「多文化共生」の定義づけや「共生」社会を抱える日本のあるべき姿がきちんと理論づけられていない「手探り」の状態であることは否定できない。

　外国人の中でも入管法改正の90年代以前から観光客をはじめ、親日的な外国人は日本を訪れており、外国の文化もメディアの発達とともに急激に入ってきていた。以前であれば外国人とお互いの文化を理解し合うべきであるとの考えから「国際交流」とか「異文化交流」といった言葉が用いられていた。中国や韓国・朝鮮系の人たちが日本に移り住み、帰化した人たちを「オールド・カマー」と呼び、90年代以降、入管法改正に伴い、日本に労働者として移り住んだ南米系日系人を「ニュー・カマー」と区別し始めたころから、単に言語などの文化的背景だけでなく、法律改正に伴う労働者雇用の問題や、国内の経済事情などに絡んで事実上の「移民」の問題が複雑化した2000年代以降は、単に「仲良く」お互いの文化を知って、「お国自慢」の類の料理などを出し合うイベントを開くだけではなく、ともに働き、日本の経済力を発展させ、ともに地域や日本の新しい形を作り上げていく必要から、「多文化共生」の言葉が用いられるようになったのではないか、と私は考える。

　そうした中で、前述したような多文化共生を前提とした外国人集住都市を中心に、日本語教育が盛んに行われている。シニア世代を中心に外国人

住民に対して日本語を教える活動が各地で盛んに行われている。

また、日本語教師の需要が増える一方で、その半分以上がボランティア人材で賄われている。南米系日系人に学習指導をしながら、彼らの日本における言語を母体とした生活の質のカギを握る日本語教師の現状とその求められる像を理論づけることが、本来の日本の多文化共生社会のあり方の一翼を担うものであると私は信じる。そして、グローバル経済が発達する中で、製造業を中心とした大手民間企業が外国人労働者に頼らざるを得ない実情を踏まえ、日本の将来に向けて外国人とともに暮らすための政策、つまりは事実上の「移民政策」をどういう形で進めていくべきなのかが疑問になっている。外国人労働者を抱える日本の教育現場での現状を踏まえながら、さらには手探り状態である「多文化共生」の実態解明と理論および定義づけ、そして最終的には、グローバル化が進む中で外国人労働者が多く訪れ住民となっている、現在進行形の日本という国の「あるべき姿」を明らかにしていきたい。

3 本書の進め方

南米系日系外国人の給与が低水準であることなど、労働実態に関する研究が年々増えており、家族ともども生活を続けていれば、医療や福祉の問題なども後回しにはできない実態があるのは事実である。しかし、家族とともに来日している南米系の外国人労働者の実態を解明するにあたっては、労働者である親とともに来日している子どもの教育問題を調査することを後回しにはできないと考える。それは、本来なら「遅かれ早かれ帰国する」ことを前提に来日した外国人たちが、実際には本国に帰らずそのまま日本にとどまり、また、日本に連れてきたか日本で生まれた子どもたちが、小・中・高校と進み大学進学年齢に達しており、「その後の進路を日本の地でどうするのか」といったテーマに家族ともども直面しているからである。

そこで本書では、とくに子どもの教育環境に限定し、フィールドワークを中心に外国人学校の実情を調査した。そして、日本国内の外国人の子どもに対する地方自治体や政府の施策はどのような状況なのかをまず、考察していく。

　また、彼らは日系移民1世、つまり日本人を祖先にもつ人がブラジルやペルーなど南米諸国から「出稼ぎ」として、家族ともども来日している状況を検討するにあたっては、やはり彼らの祖先である日本からの移民がどういう経緯でブラジルに渡ったのか、現地での生活や待遇はどうだったのかなどの歴史を知る必要があると考える。日本人の移民たちが順風満帆だったとは言い難い生活を強いられながら、どのような時代背景および社会背景の中で苦労をして生き抜いたのかを検討したい。

　そして、欧米諸国では移民の歴史が長い。ここではイギリスをはじめとするヨーロッパ諸国を例にその移民の歴史を研究しながら、外国人労働者が移り住む現代の日本の実態と比較していくことにした。さらに、日本国内においては、外国人居住者が増えるにあたり、昨今では「多文化共生」という言葉が多く用いられるようになってきている。これまでの「国際交流」とか「異文化コミュニケーション」の概念とはどう違うのかについて言葉の解釈を念入りに行い、私なりの検討を加えた上で、最終的には外国人労働者を受け入れざるを得ない日本の今後のあるべき姿を提言した。

　そこで、第1章については、国内の外国人労働者の祖先である日系1世つまりは日本人移民がどのような経緯で、どのような状態におかれて移民の生活をしていたのか、その歴史的な意義も含めて研究を進める。とくに日系移民の実態については、本文を進めるにあたっては移民の歴史に詳しい先行研究に頼らざるを得ない。岡部牧夫氏、鈴木譲二氏ら移民や移民の歴史研究の第一人者の先行研究などをもとに論を進め、歴史背景を考えながら話を進めていくことにした。

　第2章は、日系移民が日本に「デカセギ」に来る結果を招いているブラジルやペルーの経済状況はどうなっているのかについて、昨今の新聞記事

などから実情を把握した。また、南米系日系外国人が増えているのは、外国人の入国に制限を設けている入国管理法の改正により、日系人が日本に入国し、滞在しやすくなった背景がある。改正入管法について、南米系外国人を中心にとらえた場合の特徴を調べていくこととする。

　第3章は、実際に国内で南米系の外国人が多く住む町の状況や、外国人学校がどのような教育を行い、どのような立場におかれているかについて現地調査を行う。それに伴い、外国人学校に子どもを通わせる親の考え方についてインタビュー調査を実施した。また、地元自治体がどのような施策を行い、どのような項目にどれだけの予算を組んでいるかについて実態把握を試みた。これらについては静岡県浜松市や群馬県大泉町が外国人施策については先進事例と言えることを念頭におきながら、実態調査やインタビュー調査も含めて取り上げた。また、昨今、南米系の外国人が増えていて、これから外国人集住都市として発展することが想定される兵庫県宝塚市の施策や教育の実情の調査を試みた。

　第4章は、このような地方自治体の先進事例に対して、国の対応はどこまで進んでいるのか、について話を進めた。日本語教育については文化庁が推進している実態がわかったが、政府や中央省庁サイドからの取り組みはなかなかみられない状況である。政府の対策がどこまで進んでいるのかについて現状を整理した。

　第5章は、移民を多く受け入れているイギリスを始めとするヨーロッパ諸国の「共生」の実態を整理する。来日している南米系外国人労働者に対する歴史的な背景や「移民」の意味にずれがあるものと推察される。しかし、日本はまだ正式には移民を受け入れる制度が確立されていないという点からは、各国がどのような移民受け入れの歴史をもっているのかについて調べることは意義のあることだと考える。

　第6章は、「多文化共生」について、その概念や言葉の意義や定義づけを整理したい。「多文化共生」とか「共生社会」という言葉は、必ずしも外国人労働者だけに用いられるものではない。場合によっては障がい者の

ほか、性同一性障害をもつ人や同性愛の人、それに高齢者の中でも買い物に行くにもその手段がなく「孤立死」の危険が迫っている「買い物弱者」に分類できるような日常生活に不便を感じている人々など、社会のいわゆるマイノリティの人とどのように「共生」していくかが、日本の現代社会の課題ともなっている。先行研究をひもとくと、「共生」というと、そこに関わる人々が助け合って生きる社会の印象が強いが、実は、差別や排除につながる言葉でもあるという研究も存在する。そこでこの際、私なりに、「多文化共生」の定義づけした上で、現代社会での位置づけを確立した。

第7章では、今後の日本のあり方について、これまでの章における研究を踏まえて私なりの提言を行った。外国人労働者が増えている日本の社会の中で、一部の外国人住民を排除しようとするヘイトスピーチが社会問題化している。しかし、実際問題としては、財界首脳が2000年代前半から公言しているように、少子高齢化を迎えている日本社会にとり、外国人労働者の力はなくてはならない存在となっている。単に「外国人は出て行け」といった保守的な感情論では何も解決しない問題であるのと同時に、かといって「みんな仲良くしよう」などという「お国自慢」のレベルでの国際交流をしていれば済む段階でもなくなっている。こうした現状を踏まえて、日本はどういう方向に進むべきなのか、本研究の社会的な意義を確認しながら、今後の日本という国のあるべき姿、日本人の外国人との生活の場を築く方向性について論じるとともに、今後の日本のあるべき姿を提示したい。

【第1章】
日系移民の歴史を探る

1 「日系人」とは何か

　本書のテーマである「南米系」「日系人」という場合の「系」というのはどういう場合に使うのか。確かに戦前に日本から日本人がブラジルに移民として渡ったのは歴史的にみて明らかであるが、例えば日本で、外国人学校に通っている子どもやその保護者といった3世、4世の世代となると、実際、母国のブラジルにおいてどちらかの親が純粋なブラジル人と結婚していて、もはや日本人としては「ハーフ」や「クォーター」になっているケースが見受けられる。「日系」のブラジル人やペルー人がいるとされる外国人学校の教室を見学させてもらうと、日本人によく似た顔つきの子どももいれば、明らかに天然の茶髪で、欧米の国々にみられるような顔立ちの子どもなど、さまざまの人々が「日系人」の枠組みで生活しているのがわかる。

　ブラジルといっても、多くの沖縄出身の移民では Nikkei というカテゴリーではなく Uchinanchu（沖縄出身者）、すなわち「日系人」よりも「県系人」といった認識のほうが優先していることが先行研究の中で指摘されている。[7]

　実際、3世、4世と代が進むにつれて、日本人を先祖にもつ者同士の婚姻よりも、そうでない組み合わせの方が多くなっており、現在では例えば、海外の日系人団体では「日系人」という「意識をもてば血統は問わない」立場をとるようになってきているとさえ言われている。

　かつて、1990年代前後に日本のテレビ業界では、顔立ちのいい男性俳優を「ソース顔」とか「しょうゆ顔」などと分けて、もてはやした時代があった。前者は比較的欧米系の顔立ちで、後者は日本風の顔立ちのことで

あるが、彼らの実際の出身地などはもちろん考慮にはいれられていなかった。あるいは、最近、西洋料理や中華料理に加え、韓国料理が人気であるが、そうした風潮をもとに料理の調味料でも「和風」とか「中華風」「韓国風」などという表記があちこちにみられる。しかし、「韓国風」といったところで、本当に韓国の食材や調味料を混ぜているわけではなく、また、中華料理の中にも日本国内で製造されたしょうゆやゴマ油も入っているかもしれない。しかし、実際、味わってみれば「韓国料理のような」とか「中国で出される料理のような」味付けの料理として提供され日本人の好みに合う、調味料が「韓国風」とか「中華風」などとして店先に売られている。

　これほどではないにしても、もはや「日系人」という枠組みは、世代が若くなるにつれ、純粋な日本人の血筋を引いているとは限らず、日系人の親に連れられ、日本に移ってきてはじめて、自分が日本人の血筋を持った人間であるという、ルーツを知る子どもも少なくない。もちろん、日本人で地方にルーツがある人でも都会で出生し、だいぶ年をとってから自分の親や祖父母の世代が暮らしていたとされる土地に出向いたり、あるいはほとんど自分のルーツを知らないまま過ごしたりする都会人も決して少なくないため、何も「系」と分類した場合の枠組みを考えることは、ブラジルにルーツをもつ「日系人」だけに限ったものではないかもしれない。要するに、「福岡系の東京人」や「北海道系の関西人」がいてもまったく不思議ではないのである。

　しかし、ブラジルの日系人については、単に国内で「転居」したわけではなく、日本とブラジルという国をまたいで移り住んだ、後述するような「トランスナショナル」であることが大きな違いである。

　本書でも取り上げる南米系の「日系」の外国人労働者が多く住む静岡県浜松市の先行研究を早い段階から進めていた池上重弘は、日本国内に住む「ブラジル人」についての著書を記すにあたり、一般に用いられる「日系ブラジル人」のほかに、「在日ブラジル人」とか「日系人」「ブラジル

出身者」などの名称が用いられることがあることを指摘している。著書執筆にあたって池上は「日系という語句から連想される日本社会・日本文化との同質性や親和性よりも、ブラジルの文化的背景を有することに起因する異質性に着目して地域社会の対応を明らかにしたい」との目的を示した上で、「日系であれ、非日系であれ、ブラジルの文化的背景を持つ人々を指す言葉として『ブラジル人』という名称を用いる」ことと定義づけている[8]。

　このような「日系人」をめぐる解釈については、諸説が混在しているのが現状である。石田智恵は池上の「ブラジル人」という呼称を用いた立場について「1世」や「非日系」の存在が「ブラジルから来日して日本で暮らす人びと」の呼称が統一されない要因ではないかとみている[9]。確かに日本国籍、つまりは日本人そのものであった1世（場合によっては2世も含まれる）と非日系人であり、ブラジルなど現地で日本人の配偶者になった人々の二つの集団の存在をまとめて「日系人」と呼ぶには違和感があるのも納得できる。ただ、入管法の改正を経て2世から3世へと広がってきた南米から日本への出稼ぎが、当初から「日系人の出稼ぎ」とか「日系人のUターン現象」などと呼ばれたのは、「海外に移住した日本人」が「日系人」の原点であったとみなされたためであると、石田はみているが、その説は納得できるものである。

　一方、改正法では「日系人」を想定して設置されたといわれる「定住者」などの規定は、日本人と血縁関係のない者もその該当者に含んでいた。そこで研究者の中には「出稼ぎ」という行為の主体をひとつの呼称で捉えるために「日系人」の指示対象を拡大する、「ことわり書き」を付け足す人も出てきている。

　確かに、本書で後述する南米系の外国人学校を調査に行くとわかることだが、明らかに日本人の血を引くと思われる、日本人と顔立ちが似ている子どももいれば、その中に混じって明らかに茶髪で他の同じ年代の子どもよりも一回り背が高く、欧米系の顔立ちをした子どもがいる。そうした子

【第1章】日系移民の歴史を探る　17

どもたちが混在している状況で、ブラジル人学校やペルー人を含めた「外国人学校」という組織が実際に運営されているのである。

こうした状況を見た上で、どう判断するかが焦点となる。池上のように現地で外国人学校の実態も調査した上で、あえて「ブラジル人」と呼んでいる経緯は十分納得できるものである。しかし、外国人集住都市において、日本人の日系１世の血を引く、あるいはその子孫や親戚に当たるかもしれないなど、何らかの形で日本とかかわりのある子孫であると広い意味でみなせるからこそ、「南米系」の「日系人」と呼んでいる実態があるのではないかとも考えられる。

さらに、そもそも日本の政府が入管法を改正するにあたっては、１世が日本の九州などから日本の国策に基づいて移民としてブラジルやペルーに渡った日本人であることを意識して、法律を改正し、「日系人」への滞在を大幅に緩和し、その結果として「南米系の日系人」が日本に増え続けているという実態が存在するのではないだろうか。

そして、そうした法改正に基づいて「日本人の１世にたどり着くなら」という理由で、いわゆるオールド・カマーと言われる中国や韓国・朝鮮人にルーツを持つ人たちとは別枠で、例えば、後述するように静岡県が例外措置として南米系外国人学校を各種学校や準学校法人に認定してきたという実態があるのではないかと推察できる。

さらに、経済界でも自動車業界や家電メーカーを中心に「日本人にルーツをもつ」という理由から南米系外国人を率先して従業員として雇い入れ、その人たちとの「共生」を念頭におきながら、自治体側も外国人集住都市としての教育や福祉の面での施策を推進しているのではないかと思われる。

したがって、本書では、仮に２世から３世、４世と日本人の血筋は薄くなったとしても、日本人そのものを祖先とする人は当然「日系人」と呼んでいいと考える。そして、本書の調査においてインタビューに応じた、外国人学校に子どもを通学させる保護者についても、純粋な日本人の血を引

き継いでいるというよりも、むしろ、日本人の血を引く夫（または妻）の配偶者であり、むしろブラジルやペルー人そのものである可能性が高いのが実情である。

　しかし、ニュー・カマーと呼ばれる彼らブラジルやペルーから日本に出稼ぎに来るのは、日本人にルーツを持った人とその配偶者や子どもたちが「家族ぐるみ」で来日しているのが普通である。そして、本書でも取り上げる南米系外国人の日本における多文化共生の課題は、純粋に日本人にルーツをもつ夫だけの問題なのでは決してない。もしかすると純粋なブラジル人であり、ペルー人かもしれないが、日系人の子どもも含めた「家族」として来日し、日本のコミュニティにおいて「生活者」としての日常を体験している人々のはずである。そういった現実を考えると、「日系人」とは単に日本人にルーツをもつ人だけだとは限らないし、だからといって「ブラジル人」と括る必要もないのかもしれないだろうと私は考える。彼らは日本の中で「生活者」として生きていて、地元自治体の行政課題の対象となっているすべての人々が南米系の「日系人」だと定義づけても差し支えないものと私は考える。

　本書においては必ずしも日系の南米系外国人の実情に詳しい人ばかりが読み手であるとは限らないといった前提も含め、その場に応じて「日系」とか「南米系」の語をつけ、あえて「ブラジル人」に統一することはしないこととする。しかし、混乱を覚悟であえていうと、取り扱う人々の「括り」は池上の研究対象としている領域とほぼ重なることも了解しておきたい。

　このように「日系」の「系」というのも軽々しく用いることができないくらい奥が深いことがわかる。そこで、本書をまとめるにあたり、「日系人」の、とくに1世や2世の世代の人々、つまり日本からブラジルやペルーに移民として移住した人々の歴史を論じることで、物心がついてから日本にやってきた3世や4世の父母や祖父母、曽祖父母の世代に当たる人々がどういういった経緯で移民として外国に渡ったり、日本人の血筋を

【第1章】日系移民の歴史を探る　19

引く人間でありながら、祖国とは遠く離れたブラジルやペルーの土地で生まれ育ったりしているのかを知ることで、日系1世と3世や4世が逆に日本に移りすむ現状と比較しながら、彼らをとりまく国の情勢や環境を検証していきたい。

そうすることで、本書の最終目標である「多文化共生」のあるべき姿にも結びつく考え方に近づくことができるのではないかと考えるからである。また、何事もその歴史的な背景を知ることは基本的な知識として決して疎かにはできないことからも話を進めていきたいと考える。

2 南米系移民の定義づけはどこまでできるか

日系移民とよく言われるが、「移民」とはそもそもどういった人のことをさすのか。『海を渡った日本人』の著者である岡部牧夫は、「ある民族や国家の成員が、就業の機会をもとめ、もとの居住地のそとに移住するのが移民である」と定義づけている。岡部によると、「移民という日本語は移住する人自身を意味するとともに、移住という社会現象をさす」とされる。これには遠い外国とは限らず、開拓団として例えば、明治初期に実施された北海道への移民なども同じだということである。しかし、普通「移民」という場合は、北海道移民のような「内国移民」はのぞき、国を超えた海外移民に焦点をあてるのが普通だと思われている。日本からブラジルやペルーへの移住、あるいは後の世になり、ブラジルやペルーから日本への移住がこのような定義に該当するのである。

従って、一般に数年で帰国する留学や就業であっても、会社や官庁などの母国の雇用先から派遣され、雇用先の都合で転任が予想される、行政組織体や民間企業などの組織内における人事異動の一環として転居することは、仮にそれが外国であっても「移住」とか「移民」とは言わないのである。つまり「自己の職業活動を、移住先の社会そのもののなかで実現しているかどうか、移民とそれ以外の居住者をわける目安といえる」のであ

る。

　この場合、海外での生活の長さにより「移民」といえるかどうかも問題になるが、あくまでも民間企業の人事異動として転勤させられたに過ぎなければ、どんなに滞在期間が長くても移民とは言わない。一方、「故郷に錦を飾る目的の出稼ぎなら、成功なり失敗して仮に３、４年で戻っても移民といえる」のである。

　それゆえ、これから述べる明治期において、国策で一家ともどもブラジルやペルーに渡った日本人や、代替わりして３世や４世の世代となり、逆にブラジルやペルーから日本に移り住んで、製造業を中心とした日系の企業に就職している人々は、れっきとした「移民」といえるのである。また、昨今、60歳で定年を過ぎ、「海外で第二の人生を過ごしたい」と外国に移住する人々については、この定義に従えば、「故郷に錦を飾る」というような出稼ぎ的な意味合いがないため、「移民」ではないだろう。

　日本人のこれまでの移住先は岡部によると、次の三類型に分けられる。移民の移住先はさまざまだが、①独立の主権国家（アメリカ、ブラジルなど）やその自治領（カナダ、オーストラリアなど）、②独立の主権国家の植民地や勢力圏（ハワイ、フィリピン、シンガポール、東インドなど）のように日本の主権が及ばなかった地域、③日本自身が植民地、勢力圏とした地域（台湾。朝鮮、満州、樺太など）の３種類である。

　とくに①のような地域では。単に主権が及ばないだけでなく、日本よりも当時、先進地域だった欧米諸国の支配地域であり、日本の移民は、安価な労働力として受け入れたとされている。「移民」という現象は、非対等の経済関係のもとで発生するのが普通で、これらの地域では、日本人は経済的、政治的にみて優位な立場では決してなく、むしろ劣位な立場に位置づけられていたことになる。

　当該地域である「ホスト社会」の一般認識では、日本人は便利な労働力ではあるが、増えすぎれば、自分たちの職を奪う「迷惑な存在」だったようである。本書の主旨でもある南米系日系外国人との多文化共生を考える

【第１章】日系移民の歴史を探る　21

上では、日本国内において彼らの立場が決して日本人よりも優位な立場にいるとは思えない現状を垣間見ることができる。そうしてみると、彼らの祖先で、日系移民として日本からブラジルやペルーに渡った人たちも、当初は社会的にみても排除の対象となっていたとみることができる。そして子孫の代になり、自分の祖国であるはずの日本に戻ってきても、製造業などの労働者、つまり非正規雇用者として労働の担い手として扱われ、さらには子どもたちの教育もおろそかにされている地域や人々が少なくないとしたら、彼ら日系の移民に対する対策はもっと具体的に、かつ、抜本的に、しかも可及的速やかになされるべきであることは言うまでもないであろう。

それでも日系移民については、ブラジルでは1908年から1941年までで約18万8000人の、そしてペルーでは1899年から1941年までで約3万3000人の移民、つまり渡航者がいたことが記録されている。[11]

当時の移民の実態、とくに人数を知る上では外務省の旅券発給記録によるものを調査できるが、旅券が発券されるのは労働を目的とした移民だけで、勉学や農業経営、商業、職人などは「移民」として分類しておらず、全体の正確なデータを得ることは難しいとみられている。

また、日本からの移民は広島を筆頭に山口や熊本、福岡など九州・中国地方が多く、それに兵庫や和歌山、滋賀がそれに続き、西日本のほうが東日本よりも多いことがわかっている。[12]

移民といっても現在のように海外旅行を気軽に楽しめる時代とは違い、人生の大幅な方向転換を迫られ、それを受け入れられるほど、よほど強い動機付けがなければできなかった至難の業といえる。移住をしたいと考える動機としては、切迫した経済的な事情などがなければ簡単には移住できなかったであろうことは想像できる。

食料不足が海外移住のきっかけであるならば、西日本だけでなくても東北地方など東日本でもありうることである。それについて、岡部は「一般に西南日本は東北日本に比べて先進性が顕著であった。そのような地域で

は農業を核にしてその周辺に多様な分業が成立し、農業の副業化や一部の農民の別業化が進む。農民層の分解がなされやすかった」とみている。要するに西日本の住民は比較的、地元や日本国内で職がなくなれば、海外に職を求めて進出しやすい生活環境や心理状態に置かれていたといえるのではないだろうか。

それとは対照的に岡部によると、東日本、とくに東北地方では農民層が分解しても社会的流動性が弱く、それを吸収しにくい東北日本では、完全な移住を生み出す契機に乏しかったと指摘している。このような場合は娘の奉公や身売り、次男、三男の季節ごとの出稼ぎなど、「伝統的な方法」がとられがちだったようである。

このような岡部の分析からすると、現在、例えば、外国人集住都市として日系ブラジル人やペルー人を労働者として受け入れている愛知や静岡などの東海地域では、かつて、自動車メーカーが発展する前は織物業、それに農業も盛んで、東北地方から国内の労働者を受け入れていたこともあった。そうした、比較的農産物などに恵まれて、自国の他地域の人々を快く受け入れる経験をもつ地域が、かつてのような経済的な地域間格差が顕著でない現代となり、今度は南米系日系人の労働者を受け入れている現状は、合点がいく話ではないかと考えられるのである。

岡部は日本から南米諸国への移民について「第一期」（1884年まで、端緒的移民期）、「第二期」（1885〜1904年、移民活動の成立期）、「第三期」（1905年〜1924年、移民活動の社会化の時期）、「第四期」（1925年〜1945年、移民活動の国策化と戦時下の時期）の４つの時期に区分している。そして本書の主眼の一つとしているペルーについては、「第二期」に、ブラジルについては「第三期」と「第四期」にあてはめている。以下、岡部の分析により各国への移民の実態をまとめてみる。[13]

まず、ペルーについての移民であるが、ペルー移民は移民会社の森岡商会（のちの森岡移民合資会社）が、1899年に甘諸農場に送った契約移民790人に始まるとされている。[14]

【第１章】日系移民の歴史を探る　23

岡部によると、一回目の移民は労働条件をめぐり農場経営者側と対立し、契約は労使双方で実施されず、移民は四散してしまったとのことである。しかし、商会はその後も日本国民の送り出しを続け、ペルーを専門とする移民会社に成長し、移民の定着も進んだ。その結果、ペルーはのちのブラジルほどではないものの、新大陸においてカナダと並ぶほどの日本の移民先となった。前述した「第二期」になると、ペルーのほかにもメキシコやカナダなど移民先が多様化するのが特徴である。

　「第三期」から「第四期」にかけては、今度はペルーにかわり、ブラジルへの移住が活発化する。(15)1908年に皇国移民会社の手で送られた799人が最初とされる。移民の始まりは遅かったようで、彼らは「笠戸丸移民」と呼ばれている。しかし、その後、アメリカ移民が困難になるにつれて、複数の移民会社が参入し、次の時期にかけ、ブラジルは最大の日本人受け入れ国になった。

　ブラジルに行った人々は、果たしてどのような生活を送っていたのか。国家が宣伝したように夢のような生活を送っていたのであろうか。それは違うようである。初期のブラジル移民は、コーヒー農場の労働者が中心だったが、次第に移民会社や個人、団体がまとまった土地を入手し、そこに自営農をめざして入植するのが通常になった。移民の導入に積極的だったサンパウロ州政府も1921年まで補助金を交付し、さらに、中小移民会社を統合した海外興業株式会社が発足し、ブラジル移民業務を独占的に扱うようになっていった。また、1921年には内務省に社会局がおかれ、移民の保護や奨励、補助金支給を主管し、移民が国策化される支援をしたとされる。

　岡部の分類による「第四期」になると、ブラジル移民が最盛期を迎えた前半と、それが衰退して満州農業移民が推進された後半で形態が大きく変化した。これは西半球移民の流れがアメリカからブラジルへ転換する一方で、中国民族主義の台頭の前に満州権益が動揺し、日本が中国革命に敵対する侵略政策をとって国際的に孤立し、「15年戦争」を経て徹底的な敗北

をして、移民活動も崩壊していくという、移民を取り巻く日本の国際情勢が背景にあるようだ。

実際、日本政府は1925年にブラジル移民に貸与してきた渡航費と移民会社の手数料を、以後全額支給に改めるなど、積極的に支援策を推進している。また、1927年に制定された海外移住組合法はブラジル移民国策化のためのもう一つの柱とみられる。政府はこの法律を作ることによって、府県ごとの移住組合とその中央組織である海外移住組合連合会を通して、ブラジル移民の宣伝や奨励を行った。また、ブラジルには1929年に現地法人ブラジル拓殖組合（通称・ブラ拓）を設立して土地の獲得に乗り出したりもしている。ブラ拓は自作農の定着促進政策の担い手として、土地の取得を積極的に進めた。

一方、ブラジル移民の盛衰を知るには、満州事変を抜きには考えられない。1931年、日本は満州に駐屯する関東軍の謀略で満州事変を起こし、以後「15年戦争」とよばれる侵略と戦争の道を歩むことになった。[16]

関東州を含めた満州在住日本人の人口は満州事変前の1930年の2倍強に増える。一方、アメリカやカナダについでブラジルでも1930年代半ばから移民の制限や日本人移民の排斥が始まり、ようやく確立したブラジル移民国策も10年ほどで挫折に直面することになった。例えば、1934年にブラジルで「外国移民二分制限法」が設けられ、国別の年間移民許可数が過去50年間の定着総数の2％を超えてはならないとされ、以後、日本人の移民も激減し始める。さらに1937年には、ヘトゥリオ・ヴァルガス大統領による移民同化政策が始まり、外国語教育の禁止や外国語新聞雑誌の取り締まりの強化、移民教育、文化活動の制限がなされるようになり、ブラジル社会のナショナリズムが極端に高まっていく。

また、ペルーでは1940年に反日暴動がおこり、多数の日本人商店が襲撃され、被害者が出て帰国者が相次いだほか、1941年にはブラジルの日本語新聞が次々と停刊に追い込まれたということである。そうなると日本が目を向けたのが満州となり、ブラジル移民の衰退はただちに満州移民への期

待に結びついた。

　これらの動きは、日本に来ている日系2世から4世の世代の親や祖父母、曽祖父母の世代がどれだけ日本の国策によってブラジルやペルーなど南米に移住し、苦労して祖国を行き来していたかがわかる史実である。現在の日本に来ている南米系日系人がもし、日本に来て不自由な思いをしているとしたら、先祖の世代では海外への国策移民として苦労をし、その子孫が今度は母国に帰って苦労していることになる。

　もちろん、日本国内では現在、多文化共生の施策が、政府や中央省庁レベルよりむしろ、各都道府県や市町村レベルを中心に行われ、排斥運動などはないものの、一部の国民からは「外国人労働者にばかり職をとられてしまい、日本人は非正規労働者のままで格差社会が広がるのではないか」といった意見が少なからず聞かれる。これは国を挙げての移民に対する排斥運動ではないものの、そういった意識が差別や偏見につながることは容易に考えられる。「多文化共生とは何か」といった本書の主題の結論は、後の項目に譲るとしても、これだけの史実をひもとくだけでも、日系移民の子孫やその家族が、祖国であるはずの日本にやってきて、日本語をはじめとするコミュニケーションができずに、不自由をしている。そして、まともに教育も受けられない、といった結果を招いているとしたら、これは単なる都道府県や市町村などの自治体レベルでの解決策だけに任せていてよいのだろうかという疑問が生じることになる。

　彼らの先祖たちがどのような思いで、ブラジルやペルーに渡っていったのか、彼らの時代にはもちろん、「多文化共生」などといった言葉はもとより、現代社会にみられるような「国際交流」の概念は、移民を送り出す側、受け入れる側の双方にはなかったと思われる。そうした中で彼ら日系移民がどういう社会的な背景で他国の土地に足を踏み入れたのか、もう少し史実を詳しく探りながら、以下、彼らの歴史を振り返りたい。

3 ブラジル移民の現地での生活

　ブラジルがヨーロッパ移民の本格的導入を始めるのは1888年に奴隷制度が廃止されて以後であり、さらに日本の移民を受け入れるのは後述するようなヨーロッパ移民をとりまく状況に変化が生じたことによるもので、日本からの移民はヨーロッパや中国の移民がどれだけ移民を受け入れるかといった人数制限などの面による影響を受けていたといってよいと思われる。[17]

　実際、1889年当時においては、アジア人やアフリカ人の移民は国会の承認があるときのみと限定されていたが、サンパウロ州におけるコーヒー栽培は拡大、最盛期にあり、労働力はヨーロッパからの移民だけでは充足困難になっていたことが挙げられる。1892年の現地の法律にアジア人移民の導入が規定されたほか、1895年にパリにおいて日伯修好通商条約が調印され、1897年に日本とブラジルの国交が樹立されたことも、日本からの移民受け入れが加速した背景とみられる。

　後述するペルーへの移民でもみられることだが、鈴木譲二によると、ブラジルへの移民は日本とブラジルのパイプ役として「移民会社」というのが存在したようである。1897年、吉佐移民会社は、日本とブラジルの国交関係樹立を見越して、地元の斡旋会社と交渉にあたっている。その後、吉佐移民会社は東洋移民会社と名称変更しているが、1500人から2000人の移民を送り出す計画を立てた。しかし、現地からコーヒー不況の深刻化を理由に引き受けが中止され、最初の計画は頓挫した。実際、コーヒーは農産物であり、計画通りに収穫できないことも念頭においておくべきだったのであり、必ずしも計画通りには物事が進まないといった事情は、彼らに続く日本からの移民がどれだけ苦労していたかがわかる。資力の弱い農場主の中には価格の下落により、破産や廃業に追い込まれる人も現れ、移民の主体となっていたイタリア移民の中には前途に希望を失い、帰国する人も出ていたとのことである。

しかし、イタリア政府がブラジルへのコーヒー園への移民を禁止したことで、日本人の移民は具体化されつつあった。かといって、日本からの移民は前述したように、日本以外のヨーロッパからの移民をとりまく状況のほか、鈴木によると、1906年、皇国殖民会社がサンパウロ移民会社と交渉し、移民導入計画を大筋で合意した。しかし、州政府の移民規則は、ヨーロッパ移民を対象としているなどの理由で、調印は延期となった。当時の日本公使館は日本人移民が入ることでイタリアやスペイン、ドイツなどの外交官が妨害をしたのではないかとの見方をしていた。しかし、翌1907年には新移民法の成立で日本からの移民の障壁はなくなった。

　移民の受け入れについても現地政府との考え方の違いが浮き彫りになった。1907年の皇国殖民会社とサンパウロ州政府との間に締結された契約では、単身者は除外されるなど、日本側の意向が尊重されない面があった。しかし、日本向けの同社は州政府との契約に基づいて、警察当局に対し「ブラジル向け契約移民募集認可願い」を提出し、移民希望者に対しては黄色人種も白人もみな平等で、人種差別がないことを強調していた。そして、移民半年後には3人家族で貯蓄も可能であることを告げていた。この貯蓄で州政府の土地の払い下げを受け、なお半年の生活を維持できることを説いていたとのことである。

　本来は出稼ぎであるはずなのに、自作農家としての計画を述べているのは、鈴木の分析では州政府の真意として、出稼ぎよりも定住移民の導入に主眼が置かれていたのではないかとみられている。移民を送り出す側と受け入れる側の思惑が当初から少しのずれがあったことが伺える。ただここで言えるのは、移民を送り出す側の皇国殖民会社は家族ぐるみで渡航しても余剰金が発生し、帰国の船賃やさらなる余剰金を持ち帰ることができるといった内容の宣伝文句を出しながら移民の募集をしていたことが推察できる。[18]

　しかし、こうした宣伝文句とは逆に、ブラジルでの移民をとりまく環境は順風満帆とはいえなかったようである。第一回ブラジル移民は予定して

いた1000人を下回る781人で、沖縄や鹿児島、熊本や福島からの移民だった。彼らを乗せた「笠戸丸」が1908年、日本からの初めての移民として到着したが、1か月もたたぬうちに問題が生じた。一部の耕地で収穫が少ないとの苦情が相次いで地元公使館によせられたのである。

当初、公使館側は仕事に不慣れなことが理由であると楽観視していたが、納得しない移民側はストライキを起こす者まで出始めた。実際、平均収穫も皇国殖民会社の予想の半分にも満たず、収穫作業に慣れていたとしても、十分に生活できるほどには満たなかったとされる。そして、移民たちは次々と農地を離れ、サンパウロ市内ではボーイや料理人、大工や鍛冶などの仕事に就き、農業労働者よりも高い収入を上げた人もいた。実際、大工の中には高収入を得て日本に送金できる人も出てきていたとのことである。

そのほか、隣国のアルゼンチンが当時、ブラジルよりも生活水準が高かったこともあり、アルゼンチンに転居する日本人移民が多かったことは注目に値する。また、ブラジルへの移民が現地でトラブルを起こしたことについては、家族ごとの移民の条件を満たすために戸籍を偽り、親族関係になったものもいるなど、家族組織が不完全であったことが関係者の分析として伝わっている。

さらに、二回目の移民も順調ではなかった。皇国殖民会社が移民契約を結んだにもかかわらず、同社の経営基盤が危ういとの判断から外務省から許可が下りなかったためである。その後、竹村商館が扱うようになり、1910年に第二回移民として906人が「旅順丸」で送り出された。[19]彼らについては一回目の移民に比べれば騒動はあったものの定着率もよく、実際、コーヒーの結実もよくて移民の収支状況も良好だったとのことである。その後、第三回目以降になると東洋移民会社も介入するようになり、1914年までに計10回、約1万4800人が渡航した。同年には呼び寄せ移住も始まったとのことで、ブラジルへの移民が軌道に乗ったことがわかる。

鈴木によると、ブラジルの日系移民は1992年現在で120万人に達してい

て、海外における最大の日系人社会が形成されたといってよい。一般的なイメージとしてブラジルには最初から定住目的で移民が渡航したという認識が強いが、現実においては、他の地域と同じく、渡航した目的は「出稼ぎ」であった人が多いとのことである。実際、日本政府は経費がかかる割に賃金が低く、出稼ぎの成果があまりないことから、当初は躊躇していたとの見方もある。

現実的にみてもブラジル移民の賃金は低く、1人あたりの平均母国送金額は北米地域やラテン・アメリカ諸国と比較しても非常に少なかった。アメリカの1割強、ペルーやメキシコの3割強に過ぎなかったというのは、当初の宣伝とは違い、いかに日本人移民が現地で低収入の現実に悩んでいたかがわかる。確かに考えてみれば、天候不順で農作物が思い通りに育たないことはありうることであり、逆にそうした現状をバネにして、彼らは農地を買って定住に方向転換することを考えついたのだと思われる。

しかし、鈴木によるとどれだけ生活費に余裕ができるかについては本人次第だという側面も少なからずあったようで、低賃金であっても母国への送金を果たしていた移民も多かったとのことである。

1913年にはサンパウロ州は日本側に突如として移民契約の解除を通告してきた。1914年に出発した3500人ほどが最後の移民となった。[20] これは人種的偏見に基づくものではないかと日本側はみていたようだが、それ以外に、そもそも日本人移民の現地での位置づけが他国の移民とは違っていたことに注目したい。

日本人移民は、ブラジル側にとってみれば、流入が減少していたヨーロッパ系移民の「穴埋め」的な存在だったようである。そのヨーロッパ移民が1910年代に入り、増加していたことが背景にある。また、サンパウロ州自体の経済自体も下降気味で移民労働力への需要も減少しており、日本人の耕地への定着が悪かったことなどが挙げられている。

その後、第一次世界大戦が本格化してヨーロッパ人の移民が途絶状態となると、今度はサンパウロの農業関係者は中国労働者の導入を求める請願

書を政府に提出している。アジア系の移民に頼らざるを得ない状況であったことには違いないが、彼らが「アジア」を考えた場合には、まずは中国が思い浮かぶことが前提となっていて、日本人側としては無視されたとの印象が強くなっていた。[21]

さらに、サンパウロ州の地元メディアの論調は、アジアの労働者が増えると賃金水準が低下して、ヨーロッパ人移民はますます来なくなるため、むしろこの機会に国内労働者を重用すべきだと主張し始めていた。外国人労働者に頼るか、自国の低賃金の水準の労働者にもっと働く機会を与えてはどうかという意見は、逆に外国人労働者を受け入れる側になった現在の日本国内にもみられることである。

しかし、こうしてみると、天候を左右する自然を相手としたブラジルでのコーヒー栽培の農業で、思ったように収入が得られずに苦労し、さらに、ヨーロッパ人の移民の代わりとして「調整弁」のような形で日本人移民が考えられていたことは、特筆に値するのではないかと考える。しかも、アジア人労働者を考える場合、常に大国の中国からの移民のどちらをとるか、その選別の対象となっていた日本人移民がどれだけ心身ともに苦労したかは、筆舌に尽くしがたいことがあるのではないかと推察する。

日本側としてはヨーロッパ人や中国人と比べられながら、人数調整をされながら、彼らの動向をにらみながら移民を受け入れてもらう交渉をしていたことを思うと、とても苦労の連続であったことは、大いに推察できる点である。

もちろん、移民の目的は出稼ぎ、あるいは定住であり、最終的には日本国内にとどまるよりも「金儲け」をしようとするようなアメリカンドリームならぬ、いわば、「移民ドリーム」を念頭においての移住であったはずであり、現代の言葉を借りれば、どんな結果になろうとも「自己責任」であることには違いない。しかし、ブラジルの現地においては出身国により、マイノリティとしての移民が区別されていたとすれば、心身ともに苦労の連続であったであろうことは想像でき、同情に値する。

【第1章】日系移民の歴史を探る　31

鈴木は、本書の主題でもある現代日本における南米系外国人労働者を取り巻く現状についても触れている。ブラジルからの出稼ぎは十数万人に達したとみられ、ブラジルの日系人口の1割以上が流出したことになるということである。

　ブラジルへの移民2世以降の世代が逆に日本に移り住み、日本へ定住し始めていることについて鈴木は「ブラジルに残留している1世たちは、ある種の戸惑いを禁じ得ないのではあるまいか。多難な道を歩んだ末にブラジルに定住したのに、その子どもたちが日本に移住し、似たような苦労をしながら生活の場を日本に築こうとしているのだとすれば、自分たちのブラジルの移住は一体どういう意味を持っていたのか自問せざるを得ないだろう」と述べている。[22]

　移民1世の人たちはブラジルに新天地を求めて移り住み、家族ともども長い間暮らしてきた。現在、日本に来ている外国人労働者は本国のブラジルでなかなか好条件の仕事が見つからずに海外へ目を向け、自分の曽祖父母や祖父母の世代が生まれ育った日本の国を夢見て、30時間以上飛行機に乗って来日している。自分のルーツがあるはずの日本に行くと、想定の範囲内とはいえ、製造業での単純作業が待っている。その是非はともかく、彼らが仕事を離れて祖国の日本で暮らしていく上で、最低限の子どもの教育や福祉の恩恵を受けたいと思うのは、ごく自然な流れではないだろうか。現地の事情に詳しい研究者の中には、日本ほどは教育に熱心な親は、なかなかみられないという意見も聞かれる。後述するように、子どもが教育を受ける権利は国際的にも認められているのである。また、地域に住む日本人とうまくコミュニケーションをとりたいと思うのは当然であろう。

　実際、日系1世や2世の人たちが家族を呼び寄せ、あるいは、現地で子孫を残す段階において、サンパウロの地元の人とどのような人的交流があったのか、あるいは自分の子どもの教育などはどのようにして実現できていたのかは、現段階では不明な点が多い。

　しかし、自分の祖国だと思う日本にやってきて、自分の子どもの教育も

うまくかなわず、実際、子どもが学校に通学したり、自ら買い物をしたりする場面において、不自由な思いをしているとしたら、彼らの先祖である移民1世たちはどのように思うかというと、私は胸が痛む思いがする。しかも、別項で述べるが、親の世代と子どもの世代で、日ごろの生活の中で主とする言語がポルトガル語であったり日本語であったりと違うため、同じ外国人労働者の家族の中で、コミュニケーションギャップが生じることなど、誰が想像できたであろうか。

　ブラジル人移民の歴史を見る限り、前述したとおり、現地で思い通りに収入が得られなかったことについては、日本人移民の自己責任である部分が少なくないことは否定できない。しかし、現地の公使館などが交渉に乗り出していることからも、このブラジル移民の制度は事実上の「国策」であったといわざるを得ない。新たな新天地を求めてブラジルに渡ったこと自体、思い通りにいかなかったからといって日本の政府に責任を押し付けることも容易ではないだろう。

　しかし、ブラジルやペルーに向けた移民が事実上の国策としての色彩が強いことも十分考慮しながら、彼らの子孫が母国の日本にやってきて働き、ブラジルにいるように最低限の子育て、教育にも力を入れたい、最低限の福祉が保証された生活をしたいと望んでいる限りは、政府や中央省庁、地方自治体、および日本国民の側はできる限りの配慮をする必要があるのではないだろうか。それを実現してこそ、後に述べる多文化共生社会が成立するのであり、そこまでの言葉を用いなくても、本当の意味でのグローバルな時代にあっての国の姿となるのではないかと、私は考えたい。

4　ペルー移民の現地での生活

　ペルーに向けた一回目の移民は、1899年に行われた。鈴木譲二によると、ペルーへの最初の移民は、ペルーの現地雇用主とのトラブルや病気の蔓延により結果は芳しくなく、後の時代になりペルー議会をも巻き込んだ日系

移民の排斥運動にまでつながったことが判明している。[23]

　それは、当初は農場を中心に日本人が移民として派遣されていたが、時代が進むにつれて、自分の技術を生かした理髪業など職人としての仕事に就くことを希望する人が増え、現地のペルー人の同業者らとの感情的な面も含むトラブルが生じたとみられる。

　日本人が南米などに移民をする際、仲介業者としての移民会社というのが存在したことは、ブラジルへの移民をめぐり前述した通りである。ペルーへの移民の斡旋は、森岡商会の田中貞吉が中心的な役割を果たしていた。また、受入国となる後のペルー大統領のアウグスト・レギアは、甘藷園の労働者不足に悩む精糖業界の代表として、日本人移民の導入に関心を抱いていた。

　当初のペルーへの日本人移民に対する待遇規定は、決して悪くはないものだったとみられる。労働者の賃金は、ペルー人や、当時のリマに3000人ほどいたとされる中国人がいずれも1か月22円〜23円程度であったのに対し、日本人移民に示された額は1か月につき25円と比較的厚遇だったようである。1か月の生活費は7円から10円とされているので、移民たちは15円程度の国元への送金や貯金ができるはずだったとみられている。当時の日本の農村労働者の賃金は1か月10円ほどだったので、1か月に生活費以外で15円の余裕があるのは「ハワイほどではないが魅力的だった」とされている。

　しかし、不慣れな土地での移民は、決して絵に描いたように順調には進まなかったことが伺える。1899年2月に第一回移民790人が横浜からペルーに渡航した。移民の主な出身地は新潟、山口、広島、岡山で、東京や茨城が数人でほとんどは西日本在住者が多かった。

　彼ら移民がペルーに渡り、数か月ほどしか経たないうちに現地でトラブルが発生している。言葉がうまく通じないことが理由の一つとされる一方、それだけが原因ではない文化の違いも含まれるのではないかと推察できるが、いずれにしても移民と現地ペルー人の雇い主とのトラブル発生

で、ペルー人側が日本人に発砲したことが現地の新聞に報じられ、日本人宿舎付近に警察官を配置する措置が講じられるほど、物騒な問題に発展した。

さらに、昼夜の寒暖差が激しい現地の気候になじめず、また、ペルー式の油脂分の多い食事を食さずに質素な和食を食べ続けていたことなどが原因で、日本人の移民はインフルエンザにかかる人も多かったとみられている。

また、現地のペルー人に反感を抱かせたのは、甘藷刈りやその積み込み作業で、ペルー人が一日に２トンから３トン刈り込めるのに対し、日本人は１トンを刈るのがやっとだったからだとされている。気候などに不慣れなことを考慮してもペルー人の３分の１の効率で高い給与をとっていたのが事実ならば、現地の人に反感を抱かせたのも無理はないと思われる。

そこで雇い主は事実上の出来高制を取り入れようとして、これがさらに日本人移民とペルー人雇い主とのトラブルのもととなったとされている。

さらにこのような日系移民と雇用主側などとのトラブルの多発が、現地における日本人に対する誤解も生んでいたように思われる。「森岡商会が日本人兵士800人を農夫に扮装させてペルーに渡来させ、時機をみて混乱をおこさせようとしている」との風説も飛び交ったという。

これらの農場における日本人移民と雇い主とのトラブルを分析する限り、文化の違いや病気の発症などから不慣れな日本人側に反省点が感じられることも否めない。しかし、当時ペルーへの第一回移民となった人からすれば、他国よりも高額の賃金を保証されたものの、不慣れな気候のもとで、システム的にも日本と違う農法を用いて、いきなり現地の人と同じレベルの結果を求められたことについて、反論や反発的な行為が出たであろうことも十分推察できる。

これについては資料不足のため議論の余地はないが、次に述べる第二回移民以後において、どちらかというと農業よりも商業に就いた日本人の勤勉さが裏目に出て、逆に現地の人々に反感を抱かせる結果になったことか

【第１章】日系移民の歴史を探る　35

ら推察すると、第一回移民の現地の人とのトラブルは、単に日本人が高額の給与を得ていながら仕事の効率が悪かったなどと、一言で片付けることができないほど、文化の違いからくるさまざまな事情があったのではないかと考えられる。

　第一回移民について鈴木は「第一回移民は惨憺たる失敗に終わったというのが、ペルー移住に対する一般的認識」であると説いている。とくに最初の2年間は多数の死亡者を出し、耕地主とのトラブルの続発などから「失敗移民」と評せられるのも無理はないとされている。しかし、健康に留意してまじめに働けば、日本にいるよりもペルーははるかに有利な賃金が得られるなど、現地に慣れた移民にとっては必ずしも悪い出稼ぎ場所ではなかったようである。実際、少なからぬ数の移民が第一回移民の4年間の契約満了後も現地にとどまろうと考えていたというのは注目に値する。

　こうした動きは、1903年7月から始まった第二回移民につながるものである。第二回移民は鈴木の調査によると契約移民982人、自由移民196人であったとされる。第一回移民で大量の病人が発生したため4人の医師も同行したとのことである。第二回以降のペルーへの日本人移民は農業から商業に従事するものが増加したことに注目したい。鈴木によると、自由移民の中には耕地に入ったものが多いが、自営業も少なくなかった。例えば、雑貨商、ペンキ塗装、酒類製造業、染物職人、植木職、帽子製造業、味噌製造業、理髪職、左官職、製薬業、菓子製造業など多種多様であったが、共通しているのは特定の技術をもった職人的な職業が多かったのではないかと思われる。

　第二回移民は1907年で契約満了し、1906年11月からは第三回移民762人が送りだされたとされている。第三回移民では船賃が自弁となり、契約期間は半年で、その後は自由移民として行動できるようになったのが特徴とされる。しかし、日本人に対するペルー人側の態度は必ずしも好意的なものではなかったと鈴木は分析している。それは19世紀末に中国人労働者に対して向けられた反感が日本人にも振り向けられたとの見方もある。

1903年には「日本移民排斥の建議」が議会に上程され、下院を通過している。さらにペルー政府は1906年に「白人種移住民奨励規則」を制定した。これは、ヨーロッパ人移民、アメリカ人移民に渡航費を支給するもので、アジア人種には適用されなかった。予算は年額5万円で、移民一人当たり50円としての1000人分なので大した額ではないが、裏を返せば「排日」感情がむき出しになった形の法律といえる。

　官の側が法律で「排日」色を高める一方で、商業に従事する日本人移民をとりまく現地でのトラブルも絶えなかったようである。これはいつの時代にも言える日本人の丁寧さや器用さが影響しているようである。例えば、前述した自営業のうち理髪業者などがその好例である。

　鈴木によると、日本人商店が急激に発展し、1907年当時、リマ市内の在留日本人は300人を下らず、ボーイや料理人など家内労働に従事していた人が多いが、それ以外で目立ったのが理髪業者で、30件近い日本人の「床屋」が存在していたとのことである。店によりばらつきがあったとしても月に50円から130円くらいの利益で、その一方で、日本人の丁寧さや器用さ、それに値段の安さが反響を呼び、日本人の理髪業は大繁盛したとされる。そして、「日本人の床屋が1軒できると、ペルー人の床屋が10軒潰れる」とまで言われたそうである。

　そうなると現地で商業面でのトラブルも発生した。1917年にはリマ市労働者組合連合総会は排日運動を展開し、大統領に請願書を提出することを決議した。そして、同年、「排亜細亜人同盟会設立宣言書」が新聞紙上に掲載されるなど、排日の一大キャンペーンが繰り広げられた。鈴木は「ペルー人の排日も単なる人種感情に基づくものではなく、日本人が農鉱業において資源の開発、振興に従事している限りは、こうした事態は避けられたはずであった」と分析している。日本総領事館も移民たちが主として都会に生計の場を求めることについて懸念を抱いていたともされる。1934年時点で、当時のペルーに7113家族の日本人がいたが、6割以上が商業従事者で農業は3割弱だったようである。これは農業を中心に開拓を進め、強

固な地盤を築いた、後述するブラジル移民とは対照的な現象である。しかし、現地の憲法などの条項はおくとしても、職業については何を選ぼうとも日系人移民の自由ではなかったのかと、はなはだ疑問が生じる。日本人の勤勉さ、器用さが評価されたのであれば、それに対する現地の人の「ひがみ」に基づく感情については日本人の側からすれば迷惑であったに違いない。

　実際には、ペルーにおいては排日感情ばかりではなく、日本人移民の足がかりを作り、その理解者でもあったレギアが1919年に大統領となったころは、排日感情があまり表面化しなかったが、1930年以降、世界恐慌のあおりをうけて経済危機に陥ると反日感情は一気に高まったようである。

　実際、1932年には「ペルー人8割法」が公布された。その第一条などにはペルー国内の商工業者は技術、経営、労働の各分野を通じて総人数の80％以上はペルー人を使用しなければならない、などとするもので、ペルー人への給与の同一比率を維持することなども盛り込まれ、事実上はペルー人以外の外国人を排除する目的だったのではないかと思われる。

　さらに、1936年には「外国人の入国及び職業制限に関する大統領令」が交付された。この制限令の第一項では「ペルーに在留する外国移民は全人口の1000分の2を超えてはならない」とする条文が存在した。

　ただ、このころになるとペルー人女性と結婚したり、日本女性と結婚してもペルー生まれの子どもを抱えたりする移民も出ていた。中には大統領令施行後はさかのぼってペルーの役所に出生届けを出し、子どもに市民権を取得させて子どもの名義で事業を行おうとした人もいたとのことである。しかし、その後は法律が改正され、一定の日以前の外国人の出生届けは受理しないとの方針が出されるなど、「抜け道」も認められなくなったとのことである。

　また、一方では現地のマスコミにより「日本人が武装集団を組織している」などといった日本人に反感をもつデマ記事もみられ、反日感情は一気に高まった。1940年には大規模な排日暴動が勃発した。

ペルーにおける日本人移民はブラジルと違い、農業だけでなく、商業にも進出していくことが十分予想されていた。こうした動きは現在の日系3世、4世が来日している日本国内ではみられないことである。それは南米系日系人の労働者が自動車や食品など製造業に限られて職場をみつけており、日本人のあらゆる職域に進出していないことと比較対象ができることが特徴ではないか。つまり、製造業の限られた職域と、別項で述べるような同じ国出身の人々のコミュニティが比較的外国人集住都市として分類できる北関東や東海・中部地域に限定されていて、めだった動きがみられないことが注目される。

　しかし、本書の主旨でもある多文化共生の考え方に戻ると、彼らの親や祖父母、曽祖父母にあたる世代の人たちは、日本から来た移民だというだけで、現地で相当苦労したことが伺える。その人たちの子孫が今度は自分のルーツにつながる日本に来ているのが現状である。そこへきてもちろん、現在の日本ではほんの一部を除いて外国人排斥運動はみられない。まして、南米系日系人に対して、排斥しようとする動きはまったくみられないといってもいいだろう。

　ただ、別項でも述べるように、南米に渡り日本人社会を開拓した人々の子孫たちが、日本に戻り、コミュニケーションはもとより、一部の学校で勉強がわからなかったり、万が一、いじめにあうようなことがあったりしたとしたら、極めて残念なことである。そうした事態を防ぐためにも日本国内における多文化共生の姿を模索することは、とても意義のあるものであることを強調したい。それは移民が開始されたばかりの南米の地で排斥運動が起きたり、日本人をはじめとする外国からの移民を排除したりする法律まで制定されたような歴史を、日本で繰り返さないことにもつながると思うからである。

5 移民の歴史から学ぶこと

　現代社会における多文化共生の姿を模索するにあたっては、現在、来日している南米系日系人の祖先にあたる日系1世や2世の移民の歴史を振り返りながら現代をみることが欠かせないという立場から、まずは移民の歴史を調べるに至ったのが本章である。

　ブラジルやペルーには日本から西日本地域を中心に移民として渡航した日本人が数多くいたが、彼らの大部分は、国策によって日本から新天地を求めて一家ともども海外に移住していた。しかし、彼らの人生は必ずしも渡航前に日本で描いていた青写真と一致するものではなく、現地で生活を始めてから排斥運動などに遭遇し、軌道修正を迫られたことがわかる。こうした傾向はどこの国家や民族においても見受けられるものだ。もともと住み着いていたプロパーの集団が「異質な」者、つまり組織や集団における「異分子」を排除する意識に基づいているものではないかと考えられる。

　彼ら日本人の移民たちは、日本国内においても満足できる仕事に就けず、職を求めて、新たな人生を開拓するつもりで海を渡った人がほとんどであり、その結果、移民排斥運動などの辛酸を味わうことになったのである。仮に実力があったとしても、もともといたプロパー住民が邪魔をすることが多かったに違いない。ペルーなどで農業だけではやっていけないとわかった日本人は理髪業など職人としての繊細さ、器用さを慣れぬ土地で発揮しようとし、実際、その実力やセンスをもとにした「結果」を出そうとしていたのである。そうなると邪魔をしたい側の理論からすれば、何らかの制度をつくり、日本人の移民の進出を拒むことを企てたのであろう。

　彼らの苦労やその成功話は涙なくしては語れないエピソードとして、現代の日本においても一部のマスコミで紹介されるなどしている。しかし、現実をみると彼らがブラジルやペルーにおいて、決して日本人としてのルーツを忘れずに、むしろ誇りを忘れないようにしながらも、現地の人と

結婚し、子孫を残すことも忘れなかったとしたら、それは敬意を表さざるを得ないだろう。

　そして、彼らの子孫が、なにかしらの理由でブラジルやペルーで満足できる仕事に就けないまま、今度は先祖が生まれ育った日本に新天地を求めて「逆移民」の労働者としてやってきているのが現状である。彼ら日系移民の苦労を忘れないようにすることは、移民の血筋をもつ子孫だけでなく、移民として送り出した日本という国家に先祖代々住んでいる現代における日本人すべてが考えなければならないことではないか、という課題を投げかけた上で、本章のまとめとしたい。

【第2章】
ブラジルとペルーの経済状況と日本の入管法改正

1 ブラジルの経済状況

　ブラジルから日本にやってくる日系外国人労働者は、ブラジルの経済が低迷したあおりを受けて「祖国」の日本に仕事を求めてやってくるとされている。2008年のリーマンショックは世界中の経済に影響を与えた。例えば、日系ブラジル人などニュー・カマーの住む外国人集住都市の代表格として愛知県名古屋市や、本書でも取り扱う静岡県浜松市などの東海地域が挙げられる。東海地方で働いていたブラジル人の多くがリーマンショック直後から職を失って帰国した。[24]

　実際、ブラジル経済も順風満帆だったわけではなく、足元での資源高が一服したことや通貨レアル安の進行に伴うインフレに苦慮し、低成長にも直面した。複雑な税制や無駄の多い官僚的な仕組みといった「ブラジルコスト」の解消が高成長のカギと見られている。[25] 昨今のブラジル経済は、2003年に政権についた労働党の下で進んだとされている。中国の台頭が鉄鉱石輸出の好機につながり、成長期待は投資を引きつけた。資金流入による通貨高はインフレ抑制にもつながっていたという。しかし、現在のブラジル経済は、その好循環が足元で逆回転し始めている。資源価格の低迷で貿易収支は悪化し、成長期待の後退で投資の伸びは鈍化した。米国の景気回復期待に伴うドル高・レアル安は輸入インフレを通じた物価上昇への懸念を膨らませているということである。

　これに対し、2010年末まで大統領だった労働党のルラ氏は労働組合のリーダーとして頭角を現し、最低賃金の引き上げや低所得者層への所得の再配分をしてきたが、一方では、複雑な税制や非効率な官僚制度が残っていることなど不安材料は少なくないようである。また、日本貿易振興機

構（ジェトロ）が2012年秋にブラジル進出企業を対象に行ったアンケート（141社が回答）によると、4分の3の企業が「労働コストが上昇」していることに懸念を示しており、また、税制についても2011年末に輸入車を対象とした実質的な増税を行い、保護主義的な政策リスクが浮き彫りになっているようだ。[26]

　しかし、2011年末からは自動車関連企業などでブラジル人の求人が増え始め、取引量の減少に歯止めがかかってきたとのことである。それぞれの国で転機をつかんでいる国が少なくない中、経済が好転している国の一つとしてブラジルが挙げられるのではないか。その要因として、2014年のサッカーW杯や2016年のリオデジャネイロ五輪を控え、大規模なインフラ整備に期待を寄せる企業も少なくないということである。実際、2012年ごろまでにトヨタはブラジルでの生産を本格化させたのを受け、同社の下請け、孫受け企業までがブラジルへ投資をし始めているようだ。

　そうした中で、トヨタ自動車は2012年8月に新興国向け戦略車「エティオス」を生産するサンパウロ州の工場を稼動させた。また、日産自動車はリオデジャネイロ州で2014年中に稼動する予定の工場を建設中である。また、ホンダは2015年にはサンパウロ郊外に年間12万台の工場を稼動し、ブラジルでの能力を倍増する予定だという。また、家庭用ゲーム機のソニー・コンピュータエンタテインメントは、今後3年間で、毎年約2倍の速度で売上高を増やしたいとしている。

　五輪特需といえば、日本でも2020年に二度目の東京五輪が開催されることが決まり、競技場を始め、東京周辺の道路や鉄道などの公共インフラ整備が喫緊の課題となっている。一方、景気低迷が続き、建設業を中心に不景気が続いていた業界についても光が射し込んできている状況である。同じような状況がブラジルでも起きており、その二度目の東京五輪より4年早く開かれるリオデジャネイロ五輪や、2014年に開催予定のサッカーW杯に向けて約100件のホテルが新改築しているなど、町中が突貫工事の様相を呈しているようである。欧州債務危機の影響でブラジル経済も減速し

ているのは確かであるが、多額の公共投資に伴う特需が期待でき、企業の活力は必ずしも衰えていないということである。⁽²⁷⁾

それならば、ブラジルから日本にやってくる労働者はどの程度影響を受けるのかについては、現在のところ「未知数」と言わざるを得ない。東日本大震災の直後に日本から母国に帰国した外国人労働者が少なくなかったが、とくに彼ら日系ブラジル人など「ニュー・カマー」の場合、配偶者や子どもたちと一家で「デカセギ」に来ている例が多く見受けられる。

確かに日本政府はリーマンショック直後の2009年、厳しい生活状況下におかれる日系ブラジル人など定住外国人の支援策の一つとして、「同じ身分による在留資格で再入国しない」ことを条件に、1人当たり30万円、扶養家族についても1人20万円の帰国支援金を支払うことを決めた。⁽²⁸⁾実際、支援金を受け取り帰国した外国人は2013年9月までに2万人以上いるのも事実である。また、2013年9月の時点で日本国内の景気が持ち直し、工場労働者が不足しているとの理由から、政府は10月以降、日本での1年以上の雇用契約を条件として、再入国を認める方針を決めたとする動きがあった。⁽²⁹⁾

前述したように、サッカーW杯や五輪特需でブラジルにおける雇用が増えているとしたら、帰国するニュー・カマーも少なくないかもしれない。実際、ブラジルの失業率についてみるだけでも、2000年代前半は12%程度だったのが、現在では6%弱で、⁽³⁰⁾3政権続けて経済改革路線を維持していることが、数字を見るだけでも経済安定化の原動力になっていることがわかる。

ただ、実際問題としては、片道30時間以上航空機で帰国するのは日本政府からの支援金が出ていたとしても、ある程度の費用がかかるのが普通であろう。そして、「いずれは帰国する」ことを前提に日本にやってきたにもかかわらず、子どもの教育の問題などを理由に、長期間にわたり日本で住み続けているからこそ発生する家庭内の事情などもあり、すぐには帰国できない人も少なくないようである。

そうこうしているうちに、現代の日本においても2020年に向けた五輪特需が始まるものとみられ、また、自動車など製造業そのものがブラジルの工場を増やし企業全体の売り上げを伸ばしているとしたら、中長期的にはこれまで通り日本に再び戻ってくるか、そのままとどまり、日本企業で働く外国人が少なくないのではないかと考えられるはずである。

2　ペルーの経済状況

　ペルー経済はリーマンショック直後の2009年を除き、2007年から年８％を超える高度経済成長を続けている。屋台骨は工業で2010年の輸出の65％を鉱物が占め、外国からの投資73億ドル（約5600億円）のうち鉱山関連は23％に上る。[31]2000年代の資源ナショナリズムの高まりで、ベネズエラやボリビアでは天然資源開発の国有化が目立ったのに対し、逆にペルーは外資を積極的に呼び込んだ。実際、鉱山開発はほとんどが欧米系の外国企業が手がけている。国内ではマンションなどの建設現場で国内企業も目立ち、化粧品や食品業界などで国外に進出する企業も増えているということである。内需が年６％前後で伸びているのは明るい材料だといえる。[32]

　ただ、不安材料がないわけではない。前述した好調であるはずの鉱業就業者は全人口の1.5％に過ぎず、富の偏りで鉱山のある州の一般住民ほど貧しいとされている。

　これに対し、現大統領のウマラ政権は任期終了の2016年までに貧困世帯の割合を2010年の29.7％から15％に引き下げることを目標としている。安定した経済成長によりペルー政府の財政収入は増加しており、これを活用したさまざまな社会政策を引き続き実施していくことで、貧困の削減をはじめとする社会的包摂が進んでいくとみられている。[33]しかし、一方では鉱山開発に関する社会紛争は解決の見通しが立っておらず、資源開発を望む企業、環境悪化の懸念を抱く地元住民、そして政府の間で地道な対話を続けて解決策をさぐる以外に方策がないとみられている面もある。また、治

安がひとまず良好とされている日本からみると、1990年代のコカ栽培撲滅対策により一時減少していたはずのコカ栽培が2000年代に入り悪化しているほか、麻薬業者に協力する反政府武装組織などの活動による治安の悪化が懸念されている。

こうしたペルーの経済状況や治安情勢を見る限り、確かに景気はよくなっているのかもしれないが、治安情勢などは日本とは比較にならないほどの情勢であることから、今後は一時的に祖国の日本に働きにきている日系のペルー人にとっては、日本そのものが今後、2020年の東京五輪に向けて景気が上向きつつある現状から検討しても、あえてこの時点でペルーに帰国する人はいないのではないだろうかと考える。

治安情勢の悪化は、子どもの教育環境にも影響を与えるものである。日本語はわからなくても、補習授業を受ける機会を与えてくれる日本に家族ともども暮らしている方が、ペルーに現時点で帰国するよりも得策であると考えるペルー人が少なくないという状態が続くとしたら、日本国内におけるニュー・カマーの一翼を担うペルー人の立場は、このまま維持され続けるのではないかと考える。

ただし、南米経済の括りで考えると、外交的、地理的な条件からやはりアメリカ経済の影響を受けざるを得ない。南米通貨はドルと連動しやすく、アメリカの景気が持ち直せば輸出や米企業による投資などで南米経済は恩恵を受けるとみられている。ブラジル経済などのレアル安を例にとっても、信用不安に揺れているアルゼンチンは例外としても、南米各国は「微妙な状態」にあり、米財政の先行きが南米通貨を揺さぶる構図は続きそうだとみられている。[34]

いずれにしても、好調なブラジルを含めたとしても、南米全体の経済情勢は「微妙な」情勢にあり、そういった意味では東京五輪が開催される2020年まで6年間、公共事業を中心に復活を遂げるとみられている日本経済の情勢をにらみつつ、今後は、総じて南米系日系人は増えることはあっても極端に減ることはないものとみられる。そういった観点からも日本経

済が上向けばその分、その恩恵を期待する南米系日系人をはじめ諸外国からの外国人労働者は増えるものと予測できる。本書の主題である多文化共生の考え方は、世界経済の行く末を考えた上でも、日本人が意識すべき課題であるといえるのではないだろうか。

3 入管法改正の意義

　南米系の外国人労働者とその家族を多く抱えながら外国人集住都市を中心に居住している南米系日系人は、当初は出稼ぎ目的で短期間就労し、一定の預貯金を形成した後は帰国することが想定されていた。しかし、実際は具体的な将来像をもたないまま、長期に滞在している人が少なくない。1990年に施行された改正入管法の下では、在留資格の概念の明確化と拡大がなされた。具体的には「日本人の配偶者等」（日系２世）、「定住者」（日系３世）から「永住者」に変更され、不動産を購入する人も現れ始めた。

　そのような措置により、日系人が本国から連れてきたり、日本で新たに日本人その他と結婚して家族を構成したりして、生まれた子どもの教育をどう扱うかが、深刻な問題となってきたという経緯がある。[35]彼ら外国人労働者の子どもたちにも、当然、日本国内で教育を受ける権利があると理解できる。人権や生活者としての権利などとの諸問題については、6章に論を譲ることにするが、少なくとも入管法が改正され、入国しやすくなったものの、どんな祖先に「血筋」や「系譜」をもっているとしても、単に入国を許可するか否かでの議論を進めていただけでは、根本的な解決にはならないだろう。

　南米外国人として日本に家族ぐるみでやってきても、「帰化」した「外国籍」保有者であっても、先祖をたどれば日本人の日系移民１世にたどりつくかもしれないが、３世、４世と世代が進むに従い、人によっては現地のブラジル人やペルー人と結婚し、さらなる子どもたちは事実上のハーフやクォーターとして来日している人などさまざまであることから、多文化

社会の中でさまざまなルーツをもつ南米系の日系人が存在することがわかる。

実際、ブラジルのように、その歴史上の特殊性から、日本との２重国籍を持っている人もいて、両親との関係で国籍は日本だけれども日本語は話せないという人や、子どもは日本語が話せるが親と話が通じない場合もあるという現象は、外国人集住都市ではどこでも起こりうる新たな社会問題となっている。そこで、外国人労働者の子どもたちの「日本語の教育を受ける権利」というのはどういう意味をもつのか検証しておく必要があるだろう。

そこで、日系人が本国から連れてきたり、日本で新たに家族を構成したりして生まれた子どもの言葉の問題、あるいは主要教科の補習など、教育の問題をどう扱うかが深刻な問題となってきたのである。

もともと外国人をめぐる入国関連の法律はどのように推移してきたのであろうか。日本に在留する外国人は1952年に制定された外国人登録法によって外国人の居住登録が義務付けられ、公的な人数把握などに利用されてきたが、2012年にこの法律は廃止され、日本人と同じ住民基本台帳法が適用されることになった。[36]

また、外国人を管理するもう一つの基本法は「入管法」である。1989年に法改正が行われ、在留資格が増えた。さらに2009年に大きな改正が行われ、その際も在留資格に変更が行われている。2012年７月から始まった新しい在留資格制度では、①「３月」以下の在留期間が決定された人、②「短期滞在」の在留資格が決定された人、③「外交」または「公用」の在留資格が決定された人、④①から③の外国人に準じるものとして法務省令で定める人、⑤特別永住者、⑥在留資格を有しない人のいずれにもあてはまらない人が対象となっている。

具体的にこの制度の対象となる中長期在留者は、例えば日本人と結婚している人や日系人（在留資格が「日本人の配偶者等」や「定住者」である人）、企業に勤務している人（在留資格が「技術」、「人文知識・国際業務」

など）、技能実習生、留学生や永住者の人で、観光目的で日本に滞在する人は対象とならない。[37]不正手段により在留資格を取得したり、在留カードを偽造したりする人に対しては、在留資格の取り消しや退去の強制、罰則などがある。

　これまでに挙げた外国人登録や入国管理に関する法改正で、本書のテーマである南米系日系外国人の入国に直接関連があるのは、1990年に施行された改正入管法であろう。主な改正点は①在留資格を28種に拡充し、より広く外国人を受け入れることにしたものの、「非熟練労働」については従来どおり、②すべての外国人を「就労可」と「就労不可」に二分する、③雇用主罰則（懲役または罰金）を設ける、④就労できる外国人は「就労資格証明書」を交付できるとした、などの改正箇所がある点であった。

　つまり、90年施行の改正入管法を南米系日系人に限って読み解くと、日系２世、つまり南米に移り住んだ日本人の子どもとして外国で出生した者で、日本国籍を有しない人には「日本人の配偶者等」という在留資格が与えられ、その配偶者や子ども、つまり日系２世や３世の家族には「定住者」という在留資格が与えられるようになった。要するに、配偶者が日系人であれば「定住者」としての在留資格が受け取れることになったのである。そして、「永住者」や「永住者の配偶者」と同じく、「日本人の配偶者等」とか「定住者」といった在留資格をもつ人は、単純労働も含めてあらゆる仕事に合法的に就労できるようになったのである。

　この入管法改正は南米系日系人の急増という「意外な」結果を生み出した。ブラジルでは日本への出稼ぎ情報誌も日本語とポルトガル語の対訳つきで刊行されているとのことである。また、それ以前の1980年代ごろから、入管法の改正を待つまでもなく、日本に出稼ぎとして単純労働に来ていた人が存在していた。80年代のブラジルはその他の南米諸国同様に極度のインフレや通貨不安が進行し、経済状況が悪化していた。南米諸国の日系人は富裕層も少なくなかったものの、低所得者層の人々を中心に日本への出稼ぎを決意する人が多く、また、日本で１年間出稼ぎして本国に戻

り、自宅を新築するなど、経済的に余裕ができてきた人もいたというのは注目に値することである。(38)

4 影響が大きい入管法改正

このようにしてみると、ブラジルやペルーなど南米本国の経済動向と日本の入管法改正の動きは相乗効果のような形で南米系日系外国人の日本への入国を増加させているとみられる。ブラジルにしてもペルーにしても、一時的に経済が安定したという報道があるものの、すぐにアメリカ経済の影響を受けるとともに、政情不安など治安の悪化の懸念は現在になっても払拭しきれてはいないだろう。そうした中で、彼ら南米系日系人の祖国とも言える日本が、彼らにとってみればタイミングよく少子高齢化のあおりを受けての慢性的な労働力不足に陥ったのである。そして、入管法の改正により、南米系日系人に限り門戸を開いたことにより、南米系日系人の労働力が流入してきた現状がある。各国の経済状況と法改正は本書のテーマに関しては相関関係が認められるといえよう。しかし、世界各地の経済動向と日本国内の法改正だけでは、本書で述べている多文化共生問題を解決するには程遠い感じがすることは否定できない。

ただ、日本は法治国家である限り、入国資格がない人を誰でも受け入れてよいということにはならない。多文化共生のありかたについては6章以降に結論を譲ることにする。少なくとも外国人労働者とその子どもたちは、ブラジルやペルーなどの本国や日本の経済・社会情勢にその存在意義が左右されるとともに、法律や制度を背景に立場が規制される一方で、彼らが日本に入国後も基本的な人間らしい生活を送れる権利は、日本が法治国家である以上、尊重され、守られているべきであることは押さえておきたい課題である。

南米各地で起きている政情不安な状態から比べると、日本の治安は世界に誇れる状況といっても過言ではないだろう。しかし、入管法改正で入国

してくる外国人や定住に向けた外国人が増えようとも、今後論じていく外国人の子どもたちをめぐる教育環境の充実や基本的人権が守られてこそ、世界に誇れる多文化共生都市の実現に近づくのではないだろうか。

【第3章】
外国人集住都市の子どもの教育

1 外国人集住都市の代表格、浜松市の実例

1-1 浜松市の外国人学校の様子

　この章では、外国人集住都市の子ども教育現場の状況をつかむため、外国人との共生にむけて先進事例になりつつある、静岡県浜松市と群馬県大泉町にある外国人学校の責任者や、そこへ自分の子どもを通学させる保護者へのインタビューをもとに考察を進める。さらに現在のところ、外国人集住都市会議の参加メンバーではないものの、南米系日系人が多く住みつつある兵庫県宝塚市については、行政担当者へのインタビューや資料をもとに、事実上の外国人集住都市に向けて発展途上である地域の現状に加えて、地元において残念ながら南米系外国人家庭をめぐる事件が発生したが、その報道から判明した、南米系外国人の教育をとりまく問題の現状について話を展開していきたい。

　最初に取り上げる、ムンド・デ・アレグリア学校は2003年2月に静岡県浜松市卸本町に日系ペルー人の子どもたちが通う学校として開校した。児童・生徒数13人、ペルー人教師2人、ペルー人と日本人スタッフ各1人といった要員でスタートした。創設者で現校長の松本雅美は1990年に入管法が改定された当時、地元の自動車メーカースズキの人事採用課で日系人採用係としての経験をもっており、その後の学校の開設などの際は、「校長が日本人だから」ということなどで地元の信用を得たという。[39]

　2、3年の滞在予定で、家族ともども、子ども連れで出稼ぎに来ていた日系ブラジル人やペルー人の中には、学齢期の子どもを学校に通わせず、家庭で放置している例が見られたという。日本にはとくに日系外国人を対

象とした学校が現在ほどは少なかったことと、日本の公立学校に入ったとしても日本語がわからずに、授業についていけず、学校に適応できない子どもが多かったという背景があった。単に日本にいる間だけ学習が遅れるわけでは決してなく、本国に親と帰国した後、中長期にわたり教育を受けていないブランクが存在するため、今度は本国の授業にもついていけない状況に陥り、とくにペルー本国の教師たちの間で、ペルー教育省に日本での教育の改善を訴えていたという事情もあったということである。

開校前の2002年11月、当時、ペルー人が多く住む浜松市と東京都町田市で、ペルー総領事主催の教育フォーラムが開催された。フォーラム終了後、ペルー人の保護者らから「日本の学校へ入ったが、日本語がわからず授業がまったく理解できない。じっと座っているだけでつらい」「いじめられ登校できなくなった」とペルー人を取り巻く教育環境の実情が松本に訴えられたほか、すでに来日しているペルー人からも「親戚に預けてきた子どもを呼び寄せて一緒に暮らしたい」などと相談を受けた。

当時、松本が浜松市で市場調査を実施したところ、ペルー人の児童・生徒は毎年30人から40人で推移している一方で、出稼ぎ労働者として来日している親の経済事情は深刻で、調査の結果、1人の児童・生徒につき、1か月に4万円以上は教育費（月謝）として工面できないでいる実態が判明していた。一方、企業などからは個人に対して寄付はもらえず、公的資金を得るために各種学校認可取得を目指すことになった。2003年12月、NPO法人認可申請書が受理された。

本来、私立学校などの学校法人は、校地校舎を所有することが原則とされている。[40] ちょうどその当時、小泉内閣の規制緩和策の一環として、構造改革特区の申請と認定が盛んに行われており、株式会社による大学設立が認められる例などがあり、ニュースなどでも話題を呼んだ時代だった。

静岡県と浜松市は連携して、この構造改革特区に外国人学校が各種学校に移行するための規制緩和を求めたところ、その認可権限は県知事が有すると回答を受けた。つまり、都道府県が認可する各種学校について、例外

措置については県知事が判断してよい、と理解できたことになる。その後2004年度に本国政府の認可を受けた外国人学校を対象とした各種学校などへの設置認可基準が新たに施行され、本来ならば校地や校舎を自己所有することが認可の原則だったが、地元の市町村からの設置要請があれば、校地や校舎が借用の状態、つまり、オフィスビルなどに借主として入っている「学校」だったとしても認可が可能となり、運用資金の必要保有額も引き下げられた。

そこでムンド・デ・アレグリアは新しい認可基準に基づいて申請し、浜松市も静岡県知事あてに各種学校の設置要望書を提出したところ、2004年12月に各種学校に認可され、さらに、2005年8月には準学校法人に認可された。[41]静岡県のこの認可時の新たな審査基準は、地元市町村が「学校の経営が悪化した場合、在校生の公立学校などへの転校措置を講ずる」と約束すれば、学校側が開校時に準備しなければならない運用資金も減額できることにしていて、文部科学省も「地域の実態に応じた取り扱いをすることは望ましい」と評価していた。[42]

このできごとは外国人学校や地元自治体関係者はもとより、地元財界にとっては「時代が動いた」と評価されるほどのできごとであった。例えば、このムンド校が各種学校の「認定第一号」に決まると、地元企業系列の財団は、それまでは私塾扱いのため、中古パソコンなどを寄贈することはできていたが、財政支援はできなかった。しかし、この各種学校認定に向けた報道を受けて、奨学金などの検討に入った。また、地元の浜松市関係者も全国初の試みとして「静岡方式」と銘打って歓迎ムードで、どういう場合に財政支援ができるかなどについて要綱設置などの準備にとりかかるなどの動きがみられたほどである。[43]

しかし、同校のホームページによると、各種学校に認可された直後は、財政面においては当初の予想通り順風満帆だったわけではなさそうで、市からの補助金は当初、100万円程度だったとのことである。さらに、静岡県は「NPOに補助金は出さない」との姿勢を崩さなかったため、月謝の

減額に結びつかず、松本校長は一時、閉校も決意していたとのことである。

しかし、松本校長の尽力により、地元企業を中心に計2000万円の寄付金が集まり、一律３万8000円だった月謝を「幼児部・小学部１万5000円、中学以上２万円」と減額でき、2004年で14人まで減っていた生徒が50人に増えたとのことである。

同年４月にはブラジル人教室を新設したほか、静岡県より準学校法人に認可され、地元企業がチャリティゴルフ大会などを開いた際に、同校への寄付金が集められるなど、地元企業の支援を常時受けることができるようになったという。

さらに、2005年に浜松市が周辺の11市町村と合併した後の2009年、浜松市が合併前の旧雄踏町の役場庁舎の再利用の試みとして、その旧庁舎の一部をムンド・デ・アレグリアに貸し出すことを明らかにした。現在、同校は旧雄踏町庁舎の２階部分を校舎として利用している。

1-2 浜松市の外国人学校の実情

同校では本国のカリキュラムをもとに授業が編成され、日本語の授業も組み込まれている。日本語教師は30代から50代で、常勤は１人、非常勤が７人、ボランティア１人の割合で構成され、日本語教師については検定試験合格者が３人、日本語教師養成の専門学校での420時間単位取得者が５人となっている。また、児童・生徒についてはブラジル人、ペルー人とも約50人ずつで、幼稚園から高校世代の４歳から18歳までを受け入れている。[44]

同校では子どもたちは「親の仕事の都合で来日したのであって、必ずしも日本へ来たくて来たわけではない」という立場を尊重しながらも、かといって、「日本で定住するためには日本語を知る必要がある。日本語は母語と同じくらい必要とされている」という現実問題に直面しながら、生

活していく上で必要とされている日本語についても、日本国内で最低限の生活ができるように、また、同時に18歳までが受け入れ限度のため、その後、国内で大学や専門学校への進学にも耐えうるだけの日本語能力を身につけることが目標とされている。

とくに2008年のリーマンショック以後、日本国内で仕事を探すにしても、もともと生活している日本人の働く世代が仕事に就きづらい状況が続いているため、正社員や非正規社員のいずれであっても、外国人労働者が仕事を探すのはたやすくないことが想像できる。外国人労働者を受け入れる側の企業からしても、日本語ができないよりは、職場責任者の指示を的確に理解し、従業員同士でコミュニケーションがとれるだけの日本語能力を要求することが多いため、就職するためには、さらには地元住民として普通の生活をしていくためには、日本語ができないと人生の目標を達成できない、といった厳しい状態におかれているのが、「出稼ぎ」に来ている彼らの親の世代の実情なのである。

そこへきて、リーマンショック以後、ブラジルの景気は持ち直した時期があったため、経済的に余裕がある家族は母国に帰国できたが、帰国するだけの余裕がなく、子どもを抱えている家族は、当初は定住の意思がなかったとしても、当分の間は定住することを余儀なくされているケースが少なくないのが現状だといえる。実際、同校の18歳を迎えた大半の子どもが日本国内に滞在し続け、とくに浜松地域周辺の大学や専門学校などへの進学を希望しているということである。

1-3 浜松市の外国人学校の保護者がもつ教育観

それでは、実際に出稼ぎに来て、子どもを日本国内の外国人学校に通わせているブラジル人の保護者たちは何を考え、また、どういった目的で子どもを外国人学校に通わせているのか、いくつかの事例を考察することにしたい。

【ケース①】……………………………………………………………………

ブラジル人の母親（30代）。ムンド校のカリキュラムコーディネーターを勤める。日系ブラジル人２世の40代の夫は浜松市に隣接する自治体にある船の部品の大手メーカーの工場で働いている。16歳の息子がムンド校に通学し、４歳の息子は浜松市内の保育園に通っている。[45]

母親は「長男が（浜松周辺の）大学か専門学校に入ったらそのまま定住しようと思う」と話す。2000年代初頭にブラジルに戻り自営業を営んだが、ライバル店ができるなど経営が困難となり、翌年、再来日したという経歴がある。

２人の子どもは日本語が堪能で、父親も日本語が話せる。母親は「話し手の日本語は理解できるが、（自分から）話すのは苦手」という。親子の間ではポルトガル語を使い、夫婦の会話は日本語だという。

家族は長男が生後10か月のときに来日した経験があり、日本語が話せなかったためムンド校に入学。入学時に浜松市内の公立小学校も見学したが、「ブラジル人学校のほうがいいのではないか」と助言されたとのこと。一方、次男はすでに日本語が話せるので、市内の公立小学校に入学を希望している。

母親はムンド校に対し、「生徒に勉強の癖をつけるように仕向けてほしい」と希望している。そして今後の日本における滞在計画については、「いつブラジルに帰るかわからない。日本にいても、ブラジルに帰国しても通用するようにしていきたい」と語る。実際、日本語の勉強はムンド校で週３回受けているほか、算数の塾にも通っている。同じ算数の項目でもブラジルと日本の教え方や解き方が違うので、親子ともども迷うことがある。子どもの今後については、「日本にこのまま住み続けた場合、大学に入れるように頑張ってほしい。卒業したら日本で就職することになることも考えている」という。「もしそうなれば、日本で自宅を購入することも考えてもいい」とも話していた。

この家族のように、現在では日本にとどまるのかあるいは、母国に帰るのかについて決めかねている状態が続いているものの、当面の家族の方針としては、ムンド校に通う長男が日本国内で大学などに進学し、就職を果たせば、家族とともに日本にとどまる方針で、子どもの今後の進路次第で日本国内にとどまるか、ブラジルに帰国するか、住む場所を決めるとみられる。

　母親の教育方針としては、「まず息子たちに日本語をしっかりと覚えてもらうことがポイント」と語る。会話ができれば周囲の人との交流もでき、仕事もよくできるようになるということらしい。少し前の親の中には「すぐに本国に帰国するので、日本語などは覚えなくてよい」という方針でブラジル人学校に通わせていた人が少なくなかったが、前述のようなブラジル人労働者やその家族を取り巻く現状としては、ひとまず日本国内にとどまる家庭も少なくないため、少なくとも子どもたちに対しては、日本語学習熱が覚めないように願っていることが考えられる。

　実際、この母親によると、いずれ近いうちにブラジルに帰国するつもりで、子どもにも日本語学習を徹底していなかったところ、長く国内に滞在する結果となり、日ごろの生活において、日本語の会話に不自由している親子が少なくないということである。

　そういった外国人定住者を中心に例えば、地域において、集合住宅などにおける家庭ごみの出し方をめぐるルールが把握できずに、近隣の日本人住民とトラブルになるケースが少なくない。

　母親は「(外国人住民の中には) 親であってもルールを守らない人がいる。日本の社会ルールや学校の校則にも不満を持っている人がいるが、日本にいる限り、ルールを覚えるべきだ」と話す。

　次のケースにおいても、ひとまず日本国内における教育を外国人学校に任せていることに満足している様子だった。

【ケース②】

日系ブラジル人３世の母親（30代）。専業主婦で、家族とともに浜松市内在住。部品工場で働く日系３世の夫と14歳の長男と７歳の次男、９か月の長女がいる。2003年に来日。長男と次男がムンド校に通う。母親は16歳のときに単身来日し、部品工場で現在の夫と出会った。母親は現在、インターネットを通じてブラジルの大学の通信教育を受け、教師をめざしている。

この家族は、長男がムンド校を卒業した後はブラジルの大学に進学を希望している。「いずれブラジルに帰国するので、ポルトガル語を学んだ方がいいと考え、ムンド校を選んだ」と話す。次男もいずれはブラジルに帰りたいと希望している。親子の間ではポルトガル語を用い、子どもたちには「ブラジル人」の社会人として成長することを望んでいる。

母親は市内の団地に住み始めた当初、ごみを出すルールなどがわからず、管理人とトラブルになったことがある。それでも「日本とブラジルの文化を互いに理解しあうことが大事だ」と考え、地元で毎年５月に開催される「浜松まつり」にも参加し、踊りや山車を引く経験を親子でしているという。母親は「親として教育には熱心でいたい。あくまでブラジル本国に家族ともども帰ることが前提で暮らしている。ブラジルに戻ったら、息子たちには高給取りの医師や弁護士になってほしい」と話している。

「日本は犯罪も少なく住みやすい国」と好意を寄せる一方で、やはり、本国で職がなく、一家で職を求めて来日した経緯からも、「子どもたちをブラジル本国で一人前の社会人に育てて苦労することなく生活してほしい」と願うのは自然な考え方かもしれない。

1-4　浜松市の外国人学校の日本語教師の実情

このような在住外国人のニーズに応えるため、ムンド校側は前述したよ

うに日本語教師が一日4コマから5コマ担当するといった教育支援体制で日本語教育を行っている。実際、日本語学習は地域の日本語教室などでは半数以上がボランティアに頼らざるを得ない状況が続いている中で、同校では専任または非常勤の教師に任せていることは、教育の質を担保する観点からは、ひとまず一定の水準を保っていると評価できる。

同校によるとブラジルのカリキュラムに合わせた科目については、常勤の教師が担当しているが、前述のように日本語については大半が非常勤講師の担当となっている。

しかし、現場の教師からは「地域に生活している間柄ならば仲間としての立場でかまわないが、学校だと指導者と学習者の関係なので、ボランティアに任せるというわけにはいかないはずではないか」との声がある。日給は7000円から8000円ということで、必ずしも高いレベルとはいえない状況である。

実際、2人の保護者とその生徒の家族の実態からみてもわかるように、日本に在住している限り、多かれ少なかれ、日本語の学習機会は必要になっている。しかし、その指導者である教師の大半が非常勤またはボランティアで、学校の国語や数学の教師のような正式な教員免許を取得せず、専門学校などで規定時間数の授業や実習を受けたものに「認定」し、また、日本語教育能力検定試験がペーパーテスト中心で実施されていることからも、その是非は置くとしても、日本語教師とそれ以外の教職員の置かれた社会的な立場が違うことがわかる。

確かにこうした課題については、浜松市のような外国人集住都市の一部の学校の中だけで解決できるものではないことは明らかである。しかし、当事者としての日本語教師の中には「国として移民政策をどうするのか方針を決め、日本語教師も国家資格や一般の教員資格と同じくらいのステータスを持たせることが必要である」との意見もあるように、本当に外国人との共生社会をめざすにあたっては、外国人子弟の教育にあたる日本語教師についても待遇をよくすることが求められる。そのためには、前述した

ように、外国人学校を希望するところには、各種学校や準学校法人に認定するなどの緩和策が必要であるとともに、自治体や企業などからの寄付を得やすいようなシステム作りが求められることはいうまでもない。

また、外国人家庭の実情に合わせた対策も必要になってくる。ムンド校に子どもを通わせる家庭でも2世の親の世代においては、日常語はポルトガル語などの母国語であり、幼少時から日本で育っている子どもの世代は日本語も母国語も両方話せる世代が増えている。とくに、世代が下がればその分、日本国内において日々の生活の中で日本語に接する機会が増え、場合によっては「親よりも子どもの方が日本語能力に秀でる」ことが少なくない。そうなると、夫婦同士は母国語であっても、親子間では母国語を使うのか、日本語を使うのかといった問題がすでに生じている。そこで親子とも同居しているにもかかわらず、話す言語が違うためにコミュニケーションの機会が少なく、親子間の理解が乏しくなる現象が増えている。そういった現象がなくとも、思春期の反抗期になればその分、親子の会話が少なくなる傾向にあるところへ、世代間で得意とする言語が違うことによる二重の世代間ギャップが生じているのである。

外国人労働者をめぐる多文化共生を考えるにあたり、単に日本国内の在住外国人と、もともと住んでいる日本人とのコミュニケーションを緊密にすること以上に、同じ日系外国人の家庭の中で、家族が「共生」するために最低限必要とされる言語の問題が、ここへきて新たな問題となって発生しているのではないだろうか。

1-5 浜松市の外国人学校から考えられる多文化共生のあり方

そこで私は、「ムンド校」の実態調査から、日本語教師の待遇面における環境を改善し、彼らの安定した生活を確保することこそ、外国人の子どもたちの日本語学習意欲に応えることにつながるのではないかと考えた。もちろん、教師一人ひとりは、常勤でも非常勤でも、仮にボランティアで

あっても、もてるスキルを最大限に生かし、最善を尽くしていることは間違いないはずである。しかし、ある程度待遇面で他の学校や科目と身分や立場において格差が生じているか否かといった問題自体は、その学校や当該地域に設置を認めている自治体がどれだけ外国人学校について、あるいは、多文化共生について真剣に考えているかどうかの証左となるのではないかと考えている。

　今回の浜松のムンド校においても日本語教師の待遇は決してよいとはいえない状況がみられたが、これは決してムンド校の経営方針に立ち入る見解を述べるものではなく、さらには、「もっと日本語教師の待遇をよくするべきだ」と述べて解決する問題ではないことは明らかである。ムンド校の校長も日本人であり、本国ブラジルのカリキュラムを尊重しながら、日本語教育にも熱を入れていることは、非常勤が多いとはいえ、8人の日本語教員を入れていることからも十分推察できるものである。

　そこへきて、現地調査では、前述したような親子間のコミュニケーションが一応成立しながらも、得意とする言語の違いにより言語格差が生じているため、同じ家庭内の「多文化共生」の何らかの対策も必要ではないかと考えられる。保護者に対しても日本語や日本の文化について理解してもらう講座を設けることが必要と思われる。しかし、これは4歳から18歳までの学校教育の中で行うべき問題なのか、行うとしたらどういう形が考えられるのかは今後の課題といえよう。

　小・中・高校世代の子どもたちについて、ムンド校などの外国人学校では、本国のカリキュラムに基づいた母国語や数学や理科、体育など基本的な「学び」を行いながら、現在生活している日本の生活、あるいは将来の進学や就職に備えて日本語学習の機会を作ることで精一杯であるという印象が強い。そこへきて、親子間のコミュニケーション不足、世代間ギャップを埋めるためには、やはり両世代共通の言語を習得することが求められる。

　結局のところ親の世代、つまり、日系2世や3世の世代に対する日本語

教育は、社会教育や生涯学習の領域ではないかと考えられる。そこで期待されるのは、外国人集住都市として他の自治体に比べて外国人との共生を考える機会が多いことが推察される地元自治体が予算を組んで、日系外国人の親の世代に対して何らかの形で日本語学習の機会を得られるように配慮することが望まれていると考える。

もちろん、日本語ボランティアにより、例えば、公民館などの公共施設などを用いた日本語学習の教室は、その地が外国人集住都市でなくとも行われている。しかし、前述したように、きちんと日本語教師の予算枠をとり、公的な色彩の強い教育の機会を増やしてこそ、実質的にみて、真の多文化共生を成立させていることになるはずである。外国人集住都市の中には、外国人の子どもたちや場合によってはその親の世代にも日本語学習のための施策はなされており、自治体によっては多額の予算をとって制度を設けていることは、頼もしい限りではある。

ただし、「多文化共生」とは単に「みんなで仲良く暮らそう」といったレベルで、互いの郷土料理を紹介し合うだけのいわゆる「国際交流」とは違うと考える。しかもそれは、「日本に住むからには日本語を覚えるのは当然」といった「上から目線」ともいえる、短絡的で高圧的な思想とも切り離して考えるべきものではないか。

そういった意味では日本にいる日系外国人の人が暮らしやすいように、学校も公立学校に少しでも近づいた環境を整備するべきであり、そのための予算を組む必要がある。さらには、単に日本語教師の待遇を改善して授業を充実させることはもちろん、前述したような家庭の中での「共生」が自然な形でできるよう、親の世代に対する日本語教育を生涯学習や社会教育の立場から行うことが求められている時代になっている点を行政の側も意識することが必要である。これは後述する兵庫県宝塚市の事例研究として「ケース③」の症例を紹介しながら比較検討する機会に譲りたい。

また、子どもに対する「いじめ」問題は日本の小・中・高校でも喫緊の課題となっている。いじめにより自殺する子どもが後を絶たないためであ

る。幸い、外国人の子どもたちがいじめ自殺に発展するほどのトラブルに巻き込まれたということは、報道を見る限りないとみられる。しかし、いじめ防止などのために公立校で配備されているスクールカウンセラーのような職種を、例えば、外国人学校にも配置すること、そしてポルトガル語やスペイン語にも堪能なカウンセラーの要員配置が、そう遠くはない将来に求められると考える。

そのためには、いざ実現に向けて動き出せば、やはり人件費が障壁となるであろう。そうなった場合、スクールカウンセラーを外国人学校にも配置できるような予算対策がなされてこそ、多文化共生を実現に近づける一歩となのではないか。ムンド校の実地調査を終えて、外国人学校のひとつが抱える問題やそれをとりまく施策などを総合的に勘案して考えられることとして、以上のような対策を提言したい。

1-6 浜松市の外国人教育施策のいま

浜松市は2005年に周辺11市町村と合併して、人口約82万人の都市となり、2007年には、国内で16番目の政令指定都市となった。楽器産業やオートバイなどをはじめとした輸送用機器産業や光技術や、電子技術などの先端技術産業などの産業都市である。[46]

活発な経済活動を背景に、同市には海外経験を積んだ日本人市民や多様な文化を持つ外国人市民が多数住んでいる特徴がある。世界性を備えた市の特徴を活かし、世界に開かれた街づくりを進める考えのもとに、国際化や国際交流事業を進めている。2012年度には「日本人市民と外国人市民がともに構築する地域」、「多様性を都市の活力の源泉として発展していく地域」、「誰もが安心して暮らしていくことができる地域」といった3つの「方向性」と「相互の理解と尊重のもと、創造と成長を続け、ともに築く多文化共生都市」といった「都市の将来像」という基本理念を掲げた「多文化共生都市ビジョン」を策定している。

その中では具体策として市をあげて「手を取り合い、ともに築くまち（協働）」、「多様性を生かして発展するまち（創造）」、「誰もが快適に暮らせるまち（安心）」といった施策体系を示しているが、さらなる重点施策として「未来を担う子どもたちの教育」「安全・安心な暮らしのための防災」「多様性を生かしたまちづくり」と３本柱を示し、最初に子どもたちの教育を多文化共生ビジョンとして取り上げていることをみると、同市が外国人の子どもたちに対する教育の重要性を市の施策として打ち出すほどに、外国人との共生に対して重点を置いていることがわかる。

《表２》静岡県浜松市の国籍別外国人市民数

国　籍	人　数	構成比（％）
ブラジル	11068	47.1
フィリピン	3012	12.8
中　国	2954	12.6
ペルー	1869	8.0
韓国又は朝鮮	1420	6.0
ベトナム	1083	4.6
インドネシア	650	2.8
その他	1444	6.1
計	23500	100.00

（2013年１月１日現在）

※『浜松市多文化共生都市ビジョン』（2013年９月）より

　それでは、同市における多文化共生ビジョンを通じた外国人の子どもたちへの教育支援はどこまで行われているのか。これはまず、日本人住民が通学する公立小中学校への対応と外国人学校の両面から検証する必要がある。

まず、公立小中学校に外国人の児童や生徒が編入しはじめたのは1989年ごろからとされている。翌90年から急増し、2013年2月現在で、小学校に963人、中学校に500人と、計1463人が在籍している。市では外国人の児童生徒が多く在籍している学校には専任教員を加配し、指導にあたっている。

　また、市教育委員会では2006年以降、浜松市国際課から外国人学習サポート事業を移管し、不就学対策を含め、浜松市が抱える外国人の子どもの教育に関する課題を解決するための支援事業を実施している。

　市では実際のところ、市内を3ブロックに分けて日本語指導や学習支援を行うため、指導者を学校に派遣しているほか、日本生まれで日本育ちの外国人の子どもの増加に伴い、母国語や母国の文化に触れるための教室「母国語教室・まつっこ」を開催し、ポルトガル語、スペイン語、ベトナム語の教室を開いている。

　さらに、外国語に堪能な職員や指導経験の豊富な職員を配置し、就学相談や通訳・翻訳等を実施する「就学支援員」や「就学サポーター」を配置、または派遣し、さらに、外国人の子どもたちを対象とした市民ボランティアが行う日本語教室を支援している。

　一方、外国人学校については、2004年に各種学校として認可された「ムンド・デ・アレグリア」（その後、準学校法人に認可）に加え、2010年に各種学校として認可された「エスコーラ・アレグリア・デ・サベール浜松」の2校を対象に後述するような補助金を交付している。各種学校または準学校法人に認可されていない学校は、それ以前においては「私塾」扱いで、都市部で言えばオフィスビルの一角にある英会話学校や学習塾と変わらない立場であった。それでは公的な補助金を私塾に支出することとなり、不可能と認識されていたが、全国で初めて、ムンド校が各種学校として静岡県から認可されたのを機に、公的な補助金を外国人学校に対して支援できる体制を作ったのは、浜松市が全国に先駆けてのことである。

　さらに、外国人学校で学ぶ子どもたちの日本語習得を目的として、外

国人学校への日本語教師を派遣し、子どもたちの日本語学習を支援している。市内の外国人学校に通う就学年齢の子どもが購入する教科書代の3分の1を補助しているほか、2011年度から3か年計画で実施している「外国人の子どもの不就学ゼロ作戦事業」の3年目の取り組みとして、外国人の子どもの不就学をなくすため、就学状況や不就学の実態を把握し、不就学家庭との面談などを行い、学校に行けない、行かない実態を詳細に分析して、外国人の子どもが不就学にならない仕組みづくりを行っている。

実際、浜松市の外国人の子どもたちに対する学習支援事業の予算はどの程度割かれているのか。①外国人学習支援センター運営事業と②外国人の子どもの就学促進事業、それに、③外国人学校支援事業の3本立てである。

①は3656万1000円で、外国人市民の学習支援のための拠点施設として、「浜松市外国人学習支援センター」を浜松市西区の旧雄踏町町役場跡に設置している。2階はムンド校に貸し出している。そのほか①の予算では、日本語教室や日本語ボランティア養成講座、ポルトガル語講座などを実施している。

②は2061万6000円で、2011年度から3か年計画で実施している「外国人の子どもの不就学ゼロ作戦事業」の3年目の取り組みとして、実態調査や不就学家庭の面談や、カウンセリングなどを行っている。実際は緊急雇用創出事業交付金が当てられている。

③は2279万2000円で、各種学校の認可を受けている市内の南米系外国人学校に対して教育環境の充実などを目的に財政支援を行うことが第一の目的で、浜松市外国人学校教育事業費補助金として、1校につき100万円、生徒1人につき4万円を算出している。

また、同じ枠内で、外国人学校の児童生徒が教科書を購入する際の費用の3分の1を上限1万円までで補助するほか、外国人学校の児童生徒が継続的な日本語教育を受けることで、地域社会を理解し、日本での安定した生活ができるよう、市内の外国人学校に10人程度、日本語教師を派遣して

いる。

　また、浜松市教育支援センターによると、指導課の中に教育相談を行う担当のうち外国人向けの担当部署を設置している。センター担当者によると、外国人の子どもたちに対する支援は3種類の担当者がいる。つまり、①就学支援員と②サポーター、および③就学促進員である。①はポルトガル語や日本語で対応し、月給制の非常勤、②は市の臨時職員としてアルバイト扱いで公立学校に派遣されている。③は市が委嘱している仕事で、謝金を支払っているということである。

　こうした市をあげての多種多様な「基礎教育を受けない外国人を減らす」目的の事業により、2012年3月現在でまったくの不就学の子どもは全市で6人程度にまで減り、その後不就学の外国人児童・生徒はほとんどみられなくなったとのことである。

　外国人学校に対してはこれまで長い期間にわたり日本語ボランティア経験者を派遣してきたこともあるが、市国際課では「(多文化共生の施策は)市にもプラスになるという発想をグローバル社会の中で保っていきたい」という考えのもと外国人の子どもたちに対する不就学対策を実施している。多文化共生施策はいずれも、「日本語が苦手で社会的なマイナスイメージ」から「当該コミュニティの利益、人的な財産につながる」といった発想の転換が必要と思われる。

2　外国人集住都市・群馬県大泉町の実情

2-1　群馬県大泉町の外国人学校の現状

　大泉町にある外国人学校「日伯学園」では、3歳から18歳までの群馬県内に住むブラジル人の子どもたちを中心に100人から110人の児童・生徒が学んでいる。同校は1991年に日系ブラジル人向けの日本語教室として設立され、96年に日系ブラジル人子弟を対象としたブラジル人学校が発展した。

ブラジルのカリキュラムに則った教育方針に日本語や日本文化を重視した時間割を組んでいる。2003年にはブラジル教育省から認可されたが、日本国内では各種学校や学校法人化はなされていない。[47]

　同校の主な教育方針のポイントは、①日本の学校への不就学や不登校に陥っている学齢期の日系ブラジル人子弟および日本とブラジル両国いずれの義務教育も終えていない20歳未満の日系人青少年に、ブラジルと日本の教育制度に基づいた教育を行うこと、②日本の学校に通学しているポルトガル語を母語とする児童や生徒の中で、日本語が十分でない、あるいは日本の生活になじめない子どもたちに日本語や学校生活に必要な基本事項を教えること、③日本語や日本の生活に必要なルール、習慣について、子どもだけでなく保護者に対しても教えること、④日本の高校進学に向けた、進路指導も含めた具体的な教育を施し、日本語能力検定試験合格を目指すこと、などが掲げられている。

　しかし、一方ではブラジル人の子どもたちを取り巻く現状は、決して理想の教育体制の確立にむけて順風満帆ではないことが同校のパンフレットからみてとれる。まず、学校をとりまく現状については、1990年代の入管法改正以降、日系ブラジル人が増加したことは、他の外国人集住都市と同じである。学齢期の子どもも増加しているが、かなりの数の不就学の子どもがいる。彼らは親とともにいずれは帰国し、不就学の子どもたちは減るものと見られていたが、親の滞在目的や期間が明確でないため、結果的に滞在が長期化していて、改善の兆しがみえていないのが現状である。仮に町立小中学校に通学していても、日本語が十分に理解できず、学校になじめず、保護者が日本の学校のシステムを十分に理解していないなどの理由から不登校になったり、中退したりする子どもが多いとのことである。同校の分析によると、外国籍の子どもは就学が義務ではないため、学校側も放置するのではないかとみられている。

　同校では浜松の「ムンド校」と同じように、ポルトガル語の母国語とともに日本語を教えているが、日本語教師を雇用するのが難しいとされるこ

とがムンド校や浜松市と事情が違うと思われる点である。同校では公立の小中学校でもバイリンガルで言語を教えることができる教師が求められているため、そちらに引き抜かれてしまい、人員不足に陥っていることが一因とみられている。

　大泉町内の日系人経営の託児所には、義務教育年齢の児童が預けられていて、外国人労働者の定住化が進む現在、しかるべき教育を受けずに育つ子どもが増えることは憂慮すべきだと位置づけており、いずれ、各種学校のような自治体が認める形も視野に入れているとのことである。今後の課題として各種学校などをめざしながら、私塾扱いの状況から学校形態を整備しようとする同校としては、浜松のムンド校に比べると若干、発展途上にあるものとみられる。

　同校理事長の高野祥子によると、日本語授業の実施形態については、必修科目として週5回、日本語の授業があり、日本語能力検定試験向けの授業も放課後組まれている。全教員12人に加え、日本語の専任教員2人とボランティアが2人、専任教員については月20万円ほどの給与が出されているとのことである。

　しかし、高野による日系ブラジル人の保護者からの聞き取りによると、「いずれは帰国したい」と思っている親がほとんどであることと、「日本の学校でいじめられると困る」と不安に思っているほか、「日本で子どもが生まれても、日本語（の能力）は遅れている」とコンプレックスをもっている親も少なくないとのことである。

　一方、本国へ帰国するといっても経済的な負担がかかりすぎて簡単にできるものではないことは明らかである。外国人労働者やその配偶者である親からは最近、「日本語学習に力を入れてほしい」という要望が増えているとのことである。高野は「当面は日本に滞在しようという意識の表われなのではないか」とみている。

　日本人からいじめられないか不安に思う親がいるのは、日本の教育現場でいじめが社会問題化されていることからも仕方がないことかもしれな

い。しかし、高野は「ブラジルは多国籍の人が住んでいるので、多文化共生を学ぶ必要があるのは日本人の側ではないか」とみている。

2-2 大泉町の外国人をめぐる施策

　群馬県の東南に位置して埼玉県と隣接する大泉町は、2013年4月時点で4万754人の人口を抱えている。総人口に占める外国人比率は14.5％である。人口が急増したのは1990年の入管法が改正された直後で、南米系日系人の企業への就労者が急増したことが影響していた。[48]

　2009年1月末には外国人登録者が最多の7087人となり、比率も16.8％となった。しかし、2008年のリーマンショックや2011年の東日本大震災の影響で本国に帰る外国人も多く、外国人の人口は減少した。2012年8月末時点で外国人登録者は6188人で、ブラジル人が4260人、ペルー人が863人という内訳である。

《表3》群馬県大泉町の国籍別外国人登録者数

国　　籍	人　　数
ブラジル	4260
ペルー	863
フィリピン	184
ネパール	151
その他	730
計	6188

（2012年8月31日現在）

※『外国人集住地域における防災の取り組みと課題』
（群馬県大泉町国際協働課）より

　大泉町はもともと製造業を中心とした企業が進出し、入管法改正以前の1980年代までは、工業製造出荷額は順調に伸びていたが、その一方で、中小企業は慢性的な労働力不足の問題に頭を悩ませていた。大手企業では

FA（ファクトリー・オートメーション）が進む一方、中小企業では予算的な問題からFA化できず、「３Ｋ（きつい、危険、汚い）職場」といわれる部門で働く人たちが減っていったという背景があった。

　中小企業を中心にその後、東南アジアなどの不法就労者が、安い賃金で雇用されていることが社会問題となった。国内における不法就労者の急増が懸念されている中で、1990年に「定住者」の在留資格を新たに整備することが盛り込まれた入管法改正が行われた。この改正入管法についての詳細は別項にその解説をゆだねることにするが、少なくともこの法律は不法就労者本人だけでなく、彼らの雇用主などに罰則規定を新設したため、人手不足が深刻化している中小企業に大きな波紋を投げかけた。

　そうした状況下で、労働力不足の中小企業は「わが国社会との血のつながり」を考慮した外国人の枠組みでもある、「日系２世・３世に対しては、活動や就労を制限しない」という改正入管法の趣旨のひとつに着目することとなった。ちょうどその当時は、本国のブラジルは、輸出不振など経済事情が悪化し、途上国最大の債務国となっていた。国内でも急激なインフレの波が押し寄せ、失業者も増大するといった状況だった。1990年といえば、日本ではまだバブル崩壊の寸前で、だんだんと経済動向に陰りが出てきたものの、まだバブルの余韻を楽しむ余裕が経済の面ではみられた。そうした中で、慢性的な労働力不足の問題を抱える日本と不安定な経済事情に陥ったブラジルの相互の経済的背景が重なり、日系人の日本への「出稼ぎ」が増加したとみられている。

　外国人が増え始めている大泉町でも早速対策がとられ、1989年12月、大泉町内の中小企業が中心となり、「東毛地区雇用安定促進協議会」が組織され、合法的かつ安定雇用ができる日系ブラジル人の受け入れを始めることとなった。

　大泉町に対する聞き取り調査によると、現在、前述したような外国人住民の中で、南米系の外国人が９割を占める。「どうやって支援をするのか」といった質問に対して、町の基本的な立場として「自立できなければ（多

文化）共生とはいわないのではないか」といった姿勢で、「外国人施策は町全体の施策」との立場を貫いているとのことである。

　ただ、大泉町は群馬県の東南にある細長い地形の中に位置するため、外国人労働者たちは大泉町に住みながら、隣接する栃木県や埼玉県の職場に働きに出ている可能性も低くはないので、町としては実態を完全に把握できないでいるのが現状のようである⁽⁴⁹⁾。
実際、公立の小中学校は町内に7校あるが、そこでの多文化共生施策としては、日本語教師を配置したり、通訳ができる専門の指導助手などを配置したりしているとのことである。

　これらの施策は、後述する文化庁のワーキンググループでも検討されている「生活者としての外国人」への共生事業の考え方とも通じる側面があると思われる。日本語講座の開設や教育とは別の次元ではあるが、防災訓練のほか、日本の文化を伝える「文化の通訳登録事業」など、実際、大泉町でも行われている共生事業である。
しかし一方で、町では子どもの教育も保護者に対する「教育」も必要であるとの認識がある。日本語もポルトガル語も中途半端な状態では、人間らしい生活もできないのではないかとの考えが背景にあるものと思われる。

　実際、外国人の子どもたちが本国に戻ったり、日本国内で転居したりする場合は、保護者の仕事の都合による場合が多い。途中で子どもの教育が中断してしまう例が少なからず見受けられるとのことである。

　そこで町では「義務教育を（外国人の子どもに）課す」というよりも、「（日本における子どもの）教育の義務を保護者に課す」という認識で国などに提言しているということである。

　実際、大泉町の調査によると、町内の外国人労働者に日本における滞在年数を聞くと「10年以上」との回答が72％と圧倒的に多く、次いで5年以上10年未満の20％である[50]。この数字を見る限り、「デカセギ」という言葉が外国にも知れ渡るようになった現在、日本における外国人労働者が、近い将来、本国に帰国するというわけではなく、日本国内での滞在が長期に

【第3章】外国人集住都市の子どもの教育　73

及んでいることが推察できる。

　また、町の調査の別の項目で、「日本語はできるか」との質問に「できる（通訳がいなくても話せる）」が49％、「少しできる（通訳が必要）」が47％と僅差で多数を占めている。また、「日本語を勉強したいか」との質問には「すぐにでも勉強したい」が37％と最多で、次いで、「特に考えていない」（35％）、「勉強している」（25％）の順で、日本語学習の意欲としてはすでに勉強している人も含め、6割以上と関心が高いことがわかる。

　さらに「これから日本にどのくらい住もうと考えているか」との問いには「特に考えていない」が41％、次いで、「永住したい」が38％と僅差で両者とも多数を占めるのに対し、「1年」と答えたのが12％で、あと2年以上10年以下の各項目はそれぞれ数パーセントずつしかみられない。また、「現在、帰国を考えているか」との問いには「帰国を考えていない」が54％で、「帰国したい」の35％を上回っている。

　また、同様の質問を同じ年に南米系の外国人に限定して行った際も、日本での滞在年数が10年以上なのが55.6％で、日本語は「通訳が必要」と答えた人が56％、日本語学習希望者は「すぐにでも勉強したい」が74％と、前述した外国人全般を対象にした調査とほぼ同じ割合か、あるいは項目によってはそれを上回るほど、日本への滞在意識や日本語学習希望が高いことが判明した[51]。

　以上のことから、実際問題として、外国人労働者は永住かそれに近い形態で、中長期にわたり日本で仕事を続けることを念頭においているのがわかる。こうした結果からみると、親の世代は、当分の間は日本で中長期的な視点で「デカセギ」を続ける意志があり、彼らに帯同してきている子どもたちもそれに合わせて、日本国内で児童・生徒として生活することを余儀なくされていることがわかる。

　実際問題として、前述した調査結果のうち、南米系外国人だけに質問された項目として、「希望する仕事がなければ帰国を考えるか」との質問に対しては51.8％が「帰国は考えていない」と回答している。その理由を複

数回答してもらったところ、「無回答」の95人を除けば、最多ののべ60人が「子どものため（教育・言語など）」と答えている。そのほかの項目として「帰国できる状態ではない」、「日本が好きだから」、「家を購入した」などがそれぞれ19人から22人といった結果が出ているのをみると、子どものためを考えて、帰国しないでいることがわかる。

　そうした観点からも、日本における外国人労働者の子どもたちへの教育は、大泉町の関係者が証言するように、「親の義務」とするかどうかは別にしても、本国にいるのと同じくらいの量と質を保った教育が必要不可欠であることがわかる。また、調査結果から親の世代にも日本語の教育希望者が少なくないことや、単に、学校における児童や生徒の日本語学習を充実させるだけでなく、親の世代についても何らかの日本語学習の機会を与えることが必要と考えられる。

3　兵庫県宝塚市の外国人施策

　前項に挙げたように、外国人集住都市では日系外国人の住民が増え、出稼ぎ労働者として来日した親とともに日本国内に居住している子どもたちの教育を取り巻く現状が浮かび上がってきた。外国人集住都市では、子どもたちは来日後、外国人学校において本国のカリキュラムに基づく授業を受けたり、公立の小中高校に編入し、日本人の児童・生徒と机を並べ、授業を受けながら、随時、日本語や通常教科の補習を受けたりしながら学生生活をしているのが普通である。しかし、彼らは転勤族の日本人住民と似ている部分もあり、親の勤務地が変われば、それに連れられて移転を余儀なくさせられる。ただし、日本人のビジネスマンの場合は会社の辞令により転居するが、外国人労働者の場合は、職場がなくなるか仕事そのものがなくなり、職を求めて移動を余儀なくされるという立場であるなど、大きな違いがあることも忘れてはならないだろう。

　日本人のビジネスマンであれば、通常、人事異動の時期は年間で４月や

10月など節目の時期であり、学校の学期制とも重なっているため、転勤族の子どもが移転する場合でも、夏休みや春休みを利用して、一応、区切りのよい時期に移転をすることができる。

　しかし、南米系外国人の労働者が国内で移転する場合は、現在所属している組織の一員として転勤するわけではない。労働者が所属する企業の業績が芳しくなく、他業種の新たな仕事をみつけて、いわば仕事のある土地に移り住むケースがほとんどだといえる。そのような事情から、場合によっては学校の新学期などに合わせていられない家庭の事情が発生することがしばしばであるとみられる。

　実際、これから述べる宝塚市をはじめ、外国人集住都市では、あるとき突然、外国人が当該自治体に転居してくるため、子どもの転校、編入手続きの事務処理を急いで行わなければいけないケースもよくみられるとのことである。

　子どもの側も突然、親の転職によって、転校を余儀なくされ、新たな学校で友達を作りなおさなければならない事情が出てくる。これが日本人同士であれば、方言の違いなどがあったとしても、日本語とポルトガル語、またはスペイン語など言語そのものが違うレベルに比べれば大した差はなく、言葉によるカルチャーショックもあまり大きくなくて済むのではないかと思われる。

　もちろん、昨今、社会問題となっている「いじめ」や「学級崩壊」の課題を抱えた学校に放り込まれれば、日本人の転校生とてその悪影響を受けない保障はどこにもない。しかし、出身国が違う外国人労働者の子どもが、同じ日本国内とはいえ、環境の違う都市部から地方の土地へ移転した場合など、子どもの心理状態に与える不安要素は日本人のそれよりもはるかに大きいものではないかと察することができる。

　また、後述するが、仮に転居しないでそのまま同じ土地の公立校に入学、あるいは編入して、比較的長い期間、同じ学校にいたとしても、どこまで日本人の児童や生徒と意思疎通ができているかは未知数である。

さらに、母国語しか話せず配偶者の仕事の影響で来日せざるを得なかった、例えば、親の世代などは日本の社会になじめずに生活しているケースが多い。それに加え、実子であっても日本での滞在期間が時の流れとともに親よりも長くなる子どもにとっては、本来の母国語よりも日本語の習得が顕著になることがしばしばみられる。そうなった場合、母国語をより多く話す機会が多い親の世代と、日本語に触れる機会が長い子どもとの間に深い溝ができるケースが目立ってきているのが、最近の新たな課題である。

　つまり、外国人と日本人の間にあるのとは別に、親子間の習得言語の違いによるコミュニケーションギャップが大きくなることがあり、場合によってはきわめて大きな心理的不安や不信感など、ストレスが増幅されるきっかけになることが考えられる。

　以下の例は実際に外国人労働者の子どもがかかわる刑事事件として全国的に報道されたものであるが、その事件をきっかけに、自治体としても外国人施策を強化した事例として紹介しておきたい。

【ケース③】
2010年7月、兵庫県宝塚市の民家が放火され、家族3人が死傷した。殺人や現住建造物等放火などの非行事実で送致された中学3年の長女（当時15）と同級生の女子生徒（当時14）について、神戸家裁は2人を初等少年院送致とする保護処分を決定した。決定によると2人は同年7月9日の午前2時半ごろ、宝塚市内の木造二階建ての長女宅で、長女の3人の家族を殺害しようと階段の床や壁に着火剤を塗り放火し、母親（当時31）が死亡。同居男性（当時39）と妹（当時9）が重傷になった。同日3時10分ごろには同級生宅で同級生の両親を殺害する目的で包丁を所持した。[52]

少年院送致処分が決まった長女は日系ブラジル人で、4歳で母親に引き取られて来日した。母親と同居男性の3人で生活していた。しかし、次女の誕生後、自分と妹に対する態度が違うため、恨みをもつようになったということである。(53)

　報道によると、2008年12月ごろ、長女は「親に殴られるので帰りたくない」と教諭に相談していた。事件直前の2010年5月になってからは成績のことで義父にきつく叱られ、教諭に「家族はわかってくれない。手もあげる」と親への不満を口にしていた。

　また、母親は来日して10年以上経過していたが、日本語についてはまったくわからなかったということである。(54)

　兵庫県宝塚市は、別項で述べる外国人集住都市会議には、少なくとも本論作成時点では参加していない。「宝塚歌劇団」や「手塚治虫記念館」で知られる大阪近郊のベッドタウンだが、2000年を過ぎたころからブラジル人の出稼ぎ労働者とその家族が急増した町である。増加したのはコンビニなどの商品を製造する食品会社が地元にあることなどが理由とみられている。事件はリーマンショックのあった2008年から2年経過した2010年に起きている。当時は世界的な不況の中で、自動車関連の仕事が減り始めた愛知など中京圏などからブラジル人労働者が国内で移動してきたものとみられる。自動車産業などは製造業の中でも世界経済の動向の影響をもろに受けやすく、非正規雇用の外国人労働者がすぐに解雇されやすい業種である。外国人労働者側はその対策として、コンビニなどで売られる弁当やデザート商品を製造している、比較的一年を通して安定した商品を製造している食品メーカーに彼らが国内移動し始めたのもこのころだったとみられる。

　そうした社会的な背景の中で、事件は起きた。とくに日系ブラジル人の長女は、家では親からの暴力を受けていたほか、容姿などを理由にしたいじめを受けていた。「キモイ（気持ちが悪い）」とか「ブラジルに帰れ」などといわれ、靴箱に長女自身が「私はいじめられています」と張り紙をし

ていたこともあったとのことである。[55]

　長女は事件の2、3週間前、「もう暴力には耐えられない」と友人に告白した。事件前日には、同級生と長女は授業中に別の友人らに「家を燃やして人生を変える。教室に来るのは最後」、「親を刺し殺す」などと犯行を予告していた。[56]

　南米系日系ブラジル人で、現在、日本に暮らしている世代は日系2世から4世の世代である。日本に移住して仕事を探すことを決意して来日しているのが2世から3世の世代で、その子どもが3世から4世にあたる。しかも、別項で述べたが、「日系」といっても世代が移り変わるにつれて、純粋に両親とも日系1世のルーツをもつ人と、途中で純粋なブラジル人と結婚した日系人であるなど「日系」の定義があいまい、というよりも幅広くなっている現実がある。

　あくまでもブラジルで生まれ育ち、成人してから場合によっては結婚してから初めて、自分のルーツであったり配偶者の祖国であったりする日本に移り住んだという世代が労働者でもあり、かつ、親の顔ももっている。一方、ブラジルで生まれた直後、あるいは親が日本に移住してから生まれた子どもの世代は、いきなり日本の小中高校または、地元のブラジル人学校に入学あるいは編入し、日本またはブラジルのカリキュラムに基づいた授業と日本語の補習などを受けている。

　そのような親と子どもが育つ環境が違えば、同じ親子であっても、親は母国語であるポルトガル語を日本に来て以降も使用し続けている。配偶者やこの事件のケースでいえば、同居していたパートナーは日本の食品メーカーなどで働き、その間、妻である母親は専業主婦をしてはいるものの、日本語が得意でないため、地域に溶け込めないでいるのが実情であったらしい。

　しかも、感受性豊かで学習能力が向上している子どもの世代にとっては、日本の学校に行けば行くほど日本での生活時間が長くなり、しだいに日本語が上達していくのが普通である。そうなると日系ブラジル人の親の

【第3章】外国人集住都市の子どもの教育　79

世代は、地域の日本人にもなかなかなじめず、親子のコミュニケーションもとれないといった二重の不安や不満をもつことになり、精神的にも不安定な状態で生活を続けているのは、本項でケースとして取り上げた事件が起きた家庭だけとは限らないのではないだろうか。

　刑事事件にまで発展したケースについて、地元行政側も虐待救済対策などを求めた調査委員会の報告書を出している。[57]

　調査報告概要によると、宝塚における事件で明らかになった問題点として、①本児Aが、いろいろなサインを送っていたにもかかわらず、その対応が不十分であったこと、②市児童虐待担当課に、要保護児童対策地域協議会の事案として認識がなかったこと、③外国人親子にとって生きにくい環境であったこと、の３点が挙げられている。①と②については行政側の反省点が含まれているが、ここで注目したいのは③である。

　報告書によると、「日本語を日常的に使う子どもが学習言語を身につけていないということに周りは気づきにくく、配慮がなされていないことが多い」とまず、指摘している。日系人であるがゆえに外見は地元の子どもと似ている場合が少なくない。だから周囲の日本人は言葉の壁があることに気づかず、トラブルなく過ごせていると思っていることが多いのではないか。実は周囲の同年代の子どもをはじめ、家庭内においてもコミュニケーションが円滑ではなく、常にストレスを抱えている場合が少なくないことを、学校や自治体関係者は意識しておくことが必要である。

　報告書では「文化的背景が異なる日本で友達をつくることは大変難しい」ことのほか、「親も子も外国人であるがゆえの生きにくい状況におかれていた」ことを指摘している。「生きにくい」とは「日本人社会からは孤立しており、そのことが一層親子を生きにくくしていた」と言及し、実際、「外国人であるがための差別を受けており、高校進学においても不利な状況に置かれていた」と分析している。

　中学生活も後半になれば日本の学校や家庭ではほとんどが高校進学の話題で頭がいっぱいになり、実際、教師と親を交えて進路相談を行う三者面

談も始まる。報告書や報道を見る限りはこの事件の親子がどこまで進路指導を受けていたのか、中学卒業後の進路をどこまできちんと話し合っていたのかまでは不明である。しかし、周りが高校受験の話題が多くなるにつれ、言葉の問題に加えて、加害女子生徒の不安が増大していたであろうことは、大いに推察できることである。

そして報告書においても、「実母は日本語を理解できず、ポルトガル語の理解の不十分な本児Ａとのコミュニケーションはきわめて不十分であった。母は安心できる存在ではなく、愛着関係がまったくなかった」と指摘しているように、親子間でもコミュニケーションの断絶が存在したことは、少なくとも南米系外国人労働者家族をとりまく課題として、現場を踏まえた現状であることが認識できる。結果から言えることではあるが、これだけ南米系の外国人とその家族が来日していることを考えると、文化の違いや家族構成の複雑さから、「起きるべくして起きた事件」といえるのではないだろうか。

そして、提言では市児童虐待担当課の態勢を強化して、虐待の対応に専門知識を備えた経験豊富な職員を配置し、学校現場との連携を密にすることなどが挙げられている。また、提言の一項目として「子どもの権利保障」や「外国人の権利保障」という枠組みを作り、「子どもの駆け込み寺」的な避難所の設置や、「学校文化の特殊な部分を多文化社会の観点から見直す必要がある」ことを盛り込んでいる。さらに、「日頃から互いに個性の違いを認め、他人を尊重する社会をめざすことが必要で、このことが多文化共生の基盤で外国人差別の解消につながる」としている。

さらには「日本語教育支援等の一層の充実」を掲げ、「日本語学習に困難を伴う生徒に対しては、個々人の問題状況に応じたきめ細かな手厚い日本語教育」の必要性とともに、「生徒にアイデンティティをもたせ、親とのコミュニケーションをより円滑に行わせるため」、継続的な母国語教育を行うことの必要性が述べられている。

また、地域における「居場所作り」の重要性にも触れられ、外国人親

子が地域活動に参加できるように、外国語のできるスタッフを配置するなどして外国人親子の居場所を作ることが提案されている。地域からも、また、その結果として、家庭内でも孤立感が生まれやすい外国人労働者の家庭をめぐり、自治体としての対策が徐々に実践面での形になっていることがわかる。

　一方、高校入試については、「一定の知識能力を有している外国人生徒については、一般の受験生とは異なった評価方法によって合否を決定するなどの、柔軟な対応が検討されるべきである」と外国人の子どもに対して、入試方法の改善の余地にまで触れている点については、外国人の子どもの教育を念頭に置く限り、一歩進んだ提言ではないかと思われる。
事件後1年経過した時点で、宝塚市では事件に関連した対策として、市に寄せられた虐待に関する情報をデータベース化する試みを開始したり、在日外国人家庭の問題が表面化したのを受けて、外国人向けの日本語教室などを開くためのNPOの拠点が設置されたと、次々と対策がとられている。[58]

　宝塚市の外国人施策として注目できるのは、残念ながら中学生による殺人事件に発展したものの、事件をきっかけにいくつもの対策がたてられてきていることである。宝塚市は現在のところ前述したような外国人集住都市会議にはまだ参加していないが、外国人住民のニーズに合わせて、教育や街づくりの面であらたな試みを展開しているケースと位置づけられる。また、市や市教委関係者に対する現地調査から、地元兵庫県などとも連携して多文化共生についての研修や意見交換の場に積極的に参加していることもわかった。

　それでは、現在の宝塚市をめぐる外国人施策はどうなっているのか。同市の人口は、約23万4000人（2013年7月現在）で、そのうち外国人は3011人である（同年8月1日現在）。そのうち南米系の外国人はブラジルが199人、ペルーが11人である。

《表4》兵庫県宝塚市の国籍別外国人数

国　籍	人　数
韓国・朝鮮	2037
中国	315
ブラジル	199
フィリピン	92
米　国	87
台　湾	38
ペルー	**11**
ベトナム	8
その他	224
総　数	3011

(2013年8月1日現在)
※法務省「在留外国人統計 2012」

　市国際文化課によると、市内の製麺などの食品会社で働く外国人がほとんどだということである。場合によっては前述したように、東海・中京地域の自動車関連会社の2008年のリーマンショック以降の製造業不振が起きたことにより、外国人労働者が家族を伴って日本国内で当該地域に移動してきたのではないか、とも推察できる。

　そうした外国人住民に対してはもちろん、南米系だけではなく、韓国・朝鮮や中国・台湾、フィリピンなどの外国人住民に対する施策は国籍を分け隔てることなく作られている。とくに現在も市内の外国人のうち、3人に2人は韓国・朝鮮の人々である。彼ら韓国・朝鮮からの住民をはじめとする外国人住民らが、2002年8月に宝塚市外国人市民懇話会の提言書をまとめている。

　当時の懇話会メンバーに南米系外国人はみられず、どちらかというと「オールド・カマー」である韓国・朝鮮国籍である市民の代表が名を連ねている。その提言書の中にはすでに、日本語講座をより受講しやすいも

のとなり、また、在日外国人の子どもの母国語教育支援を重点課題としたほか、「市民が身近な交流や学習活動を通じ、異文化や歴史を正しく認識し、広い視野と高い人権意識を持つことができるよう、国際理解を深めるための事業の積極的な推進」を掲げていた。[59]

実際、提言書がまとめられた約8年後に南米系外国人の子どもをめぐる痛ましい事件が発生したことは、外国人が住む町として、何らかの対策がとれなかったのか、もちろん行政側の責任ばかりを追及するわけにはいかないものの、残念な思いがしてならない。

各種の提言や経験を踏まえて、現在、宝塚市では国際交流分野と教育分野でそれぞれ施策がとられている。

例えば、宝塚市立国際・文化センター指定管理業務の一環として2012年度は日本語学習事業や生活相談事業として、それぞれ約206万円、51万4000円の支出をし、実際、前者については、のべ2352人、後者は80人が利用したとのことである。

さらに、市の事業としてもともと県の緊急雇用促進事業として予算措置がなされていた成人向けの日本語教室については2013年度より240万円の予算措置がなされている。

いずれも指導者は有償ボランティアの位置づけで、人件費は謝礼の形で支払われているとのことである。

一方、市教育委員会の分野では、主に外国人の子どもたちに母国語の補助と日本語の指導に重点が置かれている。

日本語や外国語の「サポーター」は有償ボランティア扱いで、2013年度は1150時間の授業時間分の人件費として322万円の予算措置がなされている。

例えば、「日本語の不自由な幼児児童生徒サポーター派遣事業」については、在日期間に応じて派遣回数を決めている。また、在日期間が6か月未満なら週3回（1回4時間）以内、6か月以上1年未満なら週2回（1回4時間以内）程度などと制限を設けている。

対象の子どもは日本語が不自由な子どもや日本語を母語としない子どもで日本語を第二の言語として教えることを目的としている。[60]

市教委ではこれまで対応した子どもたちの傾向として、なかなか定住できない子どもが多いことを挙げている。そしてブラジルでは勉強ができたため、張り切って日本にやってきたが、勉強についていけず落ち込む子どもも少なくないということである。

また、外国人労働者の子どもたちの中には、母国の文化として大人数の家族の中で暮らしているため、年下の兄弟姉妹の面倒をみることが多く、保育所への送り迎えで、在籍している学校の部活動にも入れず、日本の学校生活を満喫できずにいる子が少なくない。とくにほかの日本人の子どもが部活動を楽しんでいる姿をみて、「どうして私だけこのような境遇なのか」、「早くブラジルに帰りたい」と挫折感を味わう子どももいるとのことである。

また、子ども自身は日本語が少しずつわかるようになっているが、同じ家に住む親が日本語能力に欠けるといった現象は、決して事件が起きた家庭ばかりではない。これは必ずしもブラジル人に限ったことではないが、親の市役所での行政手続きや病気にかかった際の通院などに子どもが付き添い、通訳をしている場面もみられるとのことである。

ただし、現在のところ宝塚市では勉強についていけないことなどが理由で不就学になる子どもは確認されていない。また、親は「仕事が第一」と考えるあまり、子どもの将来に自信がもてない親子が少なからずいるとのことである。市教委の担当者によると、外国人の子どもたちをめぐる当面の目標は、高校進学をどうするか、ということである。中学卒業後すぐに食品会社に就職をしたり、定時制高校に通ったりする子どもは少なからずいるというが、全日制普通課程の高校へは言葉の壁の問題などがあり、なかなか入学が達成しづらい現状がわかる。

前述した中学3年女子生徒をめぐる殺傷事件に関する調査報告書にもみられたように、高校入試に際して、日本語が苦手な子どもに対する配慮が

【第3章】外国人集住都市の子どもの教育　85

何らかの形でなされることが必要とされるかもしれない。

　確かに他市の外国人学校で、日本語教育が軌道に乗っているところでは、学校を挙げて日本語能力検定試験を子どもたちに受験させ、大学受験も視野に学習熱を高めているところも少なくない。

　しかし、すべての外国人の子どもをとりまく実情が、比較的外国人に対する教育先進地域のようにシステマティックに日本語教育がなされている地域ばかりとは限らないのが現状であろう。大学や専門学校進学を念頭に日本語能力検定試験などを積極的に受ける環境を作るのが先か、あるいは「居場所」確保の観点からまずは入試を突破するための、合格基準点や必修科目の軽減措置など、入学試験の際の何らかの支援策が先なのかは、自治体や外国人の子どもの学習能力や意欲などに差があり、一概には言えない。しかし、多文化共生を考えていく上では、避けては通れない課題のひとつが浮かび上がっているといえよう。

4　子どもの教育環境からわかること

　まず、本章で紹介した静岡県浜松市や群馬県大泉町の外国人学校については、学校の運営実態の話を聞きとった結果、日本の社会において私塾扱いであることが多い外国人学校の学校法人化について軌道に乗せるまでがどれだけ難しいことかがわかった。

　当然、許認可をする行政サイドとしては、生徒数が毎年ほぼ一定していたり、財政状況が安定したりしていることが認められない限り、簡単には認可できないという立場もわかる。よく報道などで英会話学校や大学受験予備校などが生徒から授業料を集めたまま閉校となり、事実上「夜逃げ」同然でスタッフがいなくなるニュースが以前から取り上げられることが少なくない。「学校」というからには担保として土地や建物が自前であることが原則ではあるが、外国人労働者のために土地を購入することから始めるのは、行政機関はもとより、一市民ではできないことであろう。

しかし、外国人労働者が家族ともども日本国内に滞在している限り、子どもの教育機関は必要とされているのであり、その学校という空間が、例えば、都市部の街中にある一部の無認可保育園のような劣悪な環境におかれては、子どもたちの心身の成長のためにもならないばかりか、外国人労働者に対して労働の場を提供している日本の国家としての役割をきちんと果たしていないことになるのではあるまいか。彼らの教育環境を整えることこそ、共生社会を作り出す一歩となりうると考える。

　また、兵庫県宝塚市の例に見られるように、外国人労働者の子どもたちは、比較的低年齢のうちから日本の学校に通学し、地元で日本人の友人をつくりながら、日本語の習得をほぼ自然な状態で行うことができる。しかし、別項で述べた日系外国人の「日系」の定義にあたることにもつながるのであるが、外国人労働者の例えば、一部の配偶者は、まったく日本語圏で生活した経験がないまま、その家族の一員として日本に移住し、生活を続けていることが考えられる。

　彼らにとってみればあくまでも労働を求めて日本にやってきたその家族であるだけで、地元のコミュニティになかなか溶け込めないばかりか、親子間のコミュニケーションにいたるまで、「母国語」とみなす言語の違いなどが原因で疎遠にならざるを得ないことは、とても不幸なことといえるのではないか。

　本章で取り上げた浜松市や大泉町は、積極的に外国人労働者との共生施策を発展させている地域だと認識できる。また、宝塚市は外国人集住都市会議のメンバーには入っていないが、外国人に向けた対策は行政としても少しずつ力を入れており、他の外国人集住都市と劣ることは決してないことがわかる。しかし、前述したように、外国人労働者をめぐる施策やその子どもの教育問題は、いずれも生身の人間を対象としているだけに、「これで完璧」というゴールが見えないのが難しいところである。

　一人の人間がコミュニティで生活を始めれば、国や言語の違いにかかわらず、その発展を阻害する障壁やトラブルは避けては通れない。しかし、

そうした障壁を乗り越えながらでないと、共生社会の実現はないことを当事者は肝に銘じるべきではないだろうか。

調査に協力いただいた外国人学校の授業風景や関連施設
①〜⑧はムンド・デ・アレグリア学校（静岡県浜松市）
⑨〜⑪日伯学園（群馬県大泉町）
（2013年4月〜5月、いずれも筆者撮影）

⑥

⑦

⑧

⑨

⑩

⑪

【第4章】
国内の日本語教育の現状

1 中央省庁の日本語教育施策はどこまで進んでいるか

　政府や中央省庁は文化庁を中心に今後の日本語教育をどうすべきかについて、議論を進めてきているので、本項では国の日本語施策がどういった方向で認識され、動いているのかについて、ワーキンググループの報告書[61]とそれが示した論点についてみていきたい。

　文化庁の日本語教育小委員会は、2007年に戦後初めて「日本語教育」を冠する審議会を設置した。ここでは外国人について「生活者としての外国人」という位置づけをした上で、日本語教育の内容や方法の充実に向けて検討している。この「生活者」としての位置づけは、本書でもみてきたように、外国人学校に通う外国人労働者の子どもたちやその保護者に対する日本語教育を今後どうしていくかについて、その立場を単に「一時的に入国して、近いうちに帰国する労働者」とは見ずに、もともと地元に住んでいる日本人と同じ視線で生活することを求めている人たちに対して、日本語教育の場を、彼らの必要に応じて、どのように提供していくか、といった視点でまとめられていることは、意義のあることだと考える。高圧的な印象を与えることがあるとしたら、それは決して好ましい現象ではなく、例えば、「日本で生活したいのならば日本語を覚えるべきだ」といったレベルの考え方では時代に逆行している発想と思えるからである。

　これは最近20年間で外国人が200万人を突破し、国内の日本語学習者も約13万人と、20年前の2倍に達しているとみられる背景があるものと考えられる。この報告書でも、「日本語学習者である外国人のニーズをできる限り踏まえる」「客観的なデータを活用しながら論拠を明確にするよう努める」ことなどが目標とされ、一部の思想や価値観などに左右されない、

客観的な立場に立った政府の指針であることが示されていることも、これまでには政府や中央省庁レベルではなかなか見られなかった考え方として、一歩前進した意義深いものと理解できる。

　「生活者としての外国人」といった位置づけをする理由として報告書では、外国人が生活上必要な日本語能力を身に付け、生活できるようにすることは「国際人権規約」、「人種差別撤廃条約」など、世界レベルで起きている人権尊重の傾向の趣旨に合致するとしている。現在、日本で働く外国人に対して「生活者」としての視点を欠くことは、人権問題にかかわることをあえてとりあげているのは、注視できると考える。

　そして、日本語教育を推進する意義としては「住みやすい地域づくりや地域の活性化につながる」ほか、「外国人の受け入れ環境の最も基本的なものであり、開かれた国として、我が国の評価や魅力を高めることにつながる」と意義付けていることは、本論の最終的な目標である「多文化共生とは」、あるいは「外国人労働者を受け入れている国のあるべき姿とは」という問いを考慮するにあたり、大いに参考となる概念ではないかと考える。

　そして、報告書の中でも「日本語教育は外国人を支援するためであることはもとより、日本社会全体にとっても大きな意義を有するものだが、これまで広く意識されているとはいい難い状況」であることが明示されている。しかし、ここまで国の機関が現状認識をしていること自体はとても評価したいと考える。実際、日本語を学習する外国人は、南米系日系人のほか、留学生、難民、ビジネスパーソン、日本人の配偶者など極めて多様であり、その学習目的やニーズも同様だとされている。

　しかし、「日本語教育に関する取り組みは、その目的や分野に応じて、様々な関係府省や関係機関、団体等が役割負担を踏まえて行っている」というのが、どこまで「生活者」としての外国人たちに受け入れられやすい施策となっているのか、あるいは本当にどこまでの施策が実施に向けて存在するのかについては、再考の余地があるのではないか。それは前述してき

ている外国人集住都市における外国人学校やそこへ通う児童・生徒・保護者らがどういう意識や感想をもっているかについて考えてみれば、決して十分だとはいえない状況であることが理解できる。

しかし、このような「生活者としての外国人」としての視点から、日本語教育のあり方についての提言が、国の機関やそのワーキングループからなされること自体、意義のあることなので、以下、この報告書に示され、かつ、本論のテーマに合う主な論点についてみていきたい。[62]

まず、考察したいのは、「日本語教育に関する政策ビジョン」と「日本語教育の効果的・効率的な推進体制」について書かれた論点である。報告書では、「外国人が抱える問題は生活全般にわたり、教育、就労、医療、社会保障、住宅、産業、地域づくり、多文化共生など他の外国人施策の分野と切り離して日本語教育について議論するだけでは十分とは言えない」とする指摘がある。

日本語教育について本論で述べる意義は、外国人集住都市の中における多文化共生を考えるにあたり、日本語教育や日本語教育を担う教師の立場を国全体で考え、待遇面など充実したものにしていかないと本来の多文化共生は成り立たないのではないかという仮説に基づいている。

しかし、実際問題としては、日本に在住する外国人労働者をめぐる問題は教育問題だけではなく、就労や医療、地域づくりなど多岐にわたることは確かである。かといってそれぞれの分野ごとに、管轄する省庁や自治体の各監督官庁および部署同士の責任のなすりつけあいでは、話が進まないであろう。そこで、日本語教育や教師のあり方を考察することで、他の分野の検討がなされる突破口として、日本語教育に特化した研究がなされていることからすると、この報告書の意義があるものと認識でいる。

そのために縦割り組織である関係省庁が協力し、連携することは論点として挙げるまでもないであろう。しかし、実際問題としては中央省庁と自治体が連携するというのは、垣根があまりにも高く、たやすいことではない。例えば、学校の許認可をめぐっては、小中高校や大学については文部

科学省の範疇であり、専門学校や各種学校は都道府県の管轄である。浜松の外国人学校が構造改革特区に申請した際も「県知事の裁量の範囲内」とボールを国から地方自治体に投げ返されたことは、結果的には各種学校として認められたので、学校側、とくに外国人労働者の子どもたちのメリットが多くなったのは事実ではあるが、中央省庁と地方自治体のどちらが管轄になるか、などといった議論から始まると、なかなか話が先へ進まないのも事実であろう。

ただ、外国人集住都市会議の運営方法をみると、関係者により見方は違うかもしれないが、その成り立ちを振り返ってみても、あくまで外国人を抱える市町村が主体となりテーマを決め、必要に応じて中央省庁に提言をもっていくスタイルが確立されているように思う。効果的な推進態勢としては、地元の現状をよく知る地方自治体を中心とした外国人集住都市会議のような地方や地域主体の議論を主軸とした方が、現実味あふれる議論が成立し、話が先へ進みやすいものと考える。

次に「日本語教育の資格」と「日本語教員の養成・研修」については、現在、国語の教師と違い、専門学校で必要な単位数を認定されれば教壇に立てる日本語教師についての論点が提示されている。「新たな資格を作るのがよいか」という問いかけに対し、報告書では「新たに専門性などによって一定の線引きを行うことは、特に地域の日本語教育において、ボランティアが大きな役割を担っている現状に照らして問題はないか」あるいは、「国が新たに資格を作れば、規制緩和の流れに逆行し、民業圧迫とならないか」との指摘がある。

確かにすでに家庭の主婦などを中心に家庭と両立しながら専門学校に通い、日本語教師の資格をとり、公民館などの会議室での自主的な日本語学級において、ボランティアの立場で教えている光景をよく目にする。すでに資格の面で問題が生じていない現状で、「やはり小・中・高校の教師のような大学の教職課程に準ずる資格をつくるべきだ」とする議論が出るとすれば、多文化共生を考える時代に逆行しているといえよう。ただし、国

の規制緩和や民間の専門学校の収入源になるかどうかどうかの議論については、まったく別問題のはずである。すでに教壇にたっている日本語教師とその教育を受けている外国人労働者の子どもたちにとり、どれだけニーズがあるものなのかを考えれば、いまさら資格の変更やその認定制度の改革はありえないのではないかと考える。別項でも述べているように、最終的に「多文化共生」を考える上では、日本語教師の勤務形態や待遇について、非常勤やボランティアが主流であるという現状は、行政からの補助金の枠組みや額を増やすなどして改善していくべきだと考える。

　こうした議論を提示すると、「待遇を改善させるのなら、やはり資格も今より厳格にしなければ」といった「お役所的」な発想に結びつかないことを期待したいものである。また、政府側の認識の面で、「大学や日本語学校における日本語教育は、主として留学生などが対象であり、この分野の日本語教員の養成・研修については、大学などの取り組みの積み重ねなどに照らして、現時点での現行の枠組みを変更すべき特段の事情はないと考えられる」としている。基本的には教員養成については、とくに日本語教師だけ別途、特別な審査基準は必要ないとした点は評価できるが、「日本語教育は留学生などが対象」となると、外国人集住都市における外国人労働者の子どもたちは含まれず、認識不足とまではいわないまでも、日本語のニーズは単に留学生だけではないこと、だからこそ、「生活者の視点」による日本語教育が求められていることが、どこまで国の関係者に理解されているかが重要となってくると考える。

　さらに、日本語教育のボランティアについて触れていることは注目に値する。地域の日本語教育でボランティアが担っている現状をどう捉えるか、具体的な検証が必要とされている。確かに日本人の中にはシニア世代となって現役を引退し、時間的・金銭的に余裕が出てきたので日本語教師の資格をとり、ボランティアで都合のよい時間に外国人に日本語を教えている人も少なくなく、あくまでも社会貢献として教師役のボランティア自身が満足していることも考慮すべきであろう。しかし、そういった余裕の

あるボランティア人材を除けば、日本語教師の大半が非常勤講師やボランティアで担われていること自体は、「生活者の視点」に立った外国人支援という観点からは充実している制度だとは言い難く、検討の余地を大いに残していると言わざるを得ない。

また、外国人に対する日本語教育は、「総合的な視点からの検討」が重要で、「一層の充実が必要である」との指摘がなされている。とくに政府としては外国人の権利や義務の問題、それに入管法の適宜改正など、政府全体あるいは社会全体で考えることが避けては通れないという主張は、同感である。さらに日本語ができないことにより不登校になるケースがあり、日本語能力が十分でない児童生徒がどのような教育を受け、キャリアを形成していくかについては、大きな問題としていることも評価できる。

ただ、この問題は、外国人集住都市における自治体やその財政的支援を受けながら、外国人の子どもの教育を行っている外国人学校においては、すでに18歳の高校生年齢を過ぎようとしている生徒が存在する事例が見受けられることからも、早い時期に解決をみる方向で検討する必要があると思われる。これは実際の外国人学校の教育現場において、外国人学校で日本語を学んだ生徒がどういった感想をもって、大学や専門学校進学といった次のステップに進んだかについて、外国人学校や保護者、本人の了解を得た上で検証していく必要があるものとみられる。

このような点を受けて、文化庁のワーキンググループが、外国人労働者など日本語学習を体験している人たちを「生活者としての外国人」とあくまでも外国人の立場を尊重しながら話が進められていることは、評価に値すると考える。外国人が日本で生活する目的は学業や仕事など多種多彩にわたり、外国人の立場で、もし外国人にとって日本語学習が必要ならば、日本語を母国語としている日本の政府や行政、民間企業や学校、そして場合によってはNPO法人なども含めた諸関係者が一致結束してその支援することが、多文化共生を実現するための一歩となると考える。

そして、日本語教育の現場では、あくまでも非常勤やボランティアの日

本語教師が「腹をすかせながら」の状態でやっているのでは、社会貢献が叫ばれる時代といえども質の高い教育は望めないのではなかろうか。多文化共生を実現するためには、日本語の学習者と指導者側の求めること、つまり、学習者としては良質な学習環境と指導者側の待遇といったニーズが一致してこそ、これまで以上に南米系外国人の親子のコミュニケーションの機会と質が高まる。その上、日本人住民と外国人住民とのコミュニケーションの機会も増えることが予想され、やがては教育の分野に限らず、労働の機会や福祉の充実にも結びつく共生社会の実現ができるのではないかと考える。

2 中央省庁が進める日本語教育

外国人居住者をめぐる教育や福祉の問題を外国人が比較的多く住む自治体関係者や学識経験者らが集まり討議している、外国人集住都市会議が2001年に浜松市で開催されたのを機に毎年各地で開催されている。[63]

この会議はニュー・カマーと呼ばれる南米系日系人を中心とする外国人集住都市の施策や活動状況を話し合っており、子どもの教育問題についても参加地域の共通課題として位置づけられている。2012年に東京で開催された会議の中では、参加自治体がブロックごとに分かれてテーマを発表し、その際、「長野・岐阜・愛知ブロック」から「外国人の子どもの教育について」と題する報告がなされた。報告によると、日本の学校で教育を受けた多くの外国人の子どもたちが、日本社会へ巣立ち、活躍することが期待されている中で、いまだに日本語能力の問題により、外国人生徒の高校への進学の道が閉ざされている状況が存在することがわかった。以下、参加都市や文部科学省から示されたデータを紹介する。

文部科学省の学校基本調査によると、2012年度の中学卒業者に占める高校進学率は98％を超えているにもかかわらず、外国人集住都市の会員都市への調査では、公立中学を卒業した外国人生徒の高校進学率は82.7％と

低くとどまり、中学での中退者や不就学の児童生徒、ブラジル人学校などの生徒を対象とすると、さらに低くなることが予想されるということである。

報告では当然のことながら高校進学がすべての「成功指標」となるわけではないことを明言しながらも、日本社会において自らの未来を切り開き、一定の役割を担うためには、高校への進学も重要な意味をもつことは紛れもない事実であると位置づけている。そして、日本語能力が外国人の子どもたちにとり、日本社会で生きていくためには、日本語教育のサポート体制の充実が必要であることが明らかになった。

しかし、現実問題としては、例えば、外国人集住都市において、在籍期間が3年未満のフィリピン人や中国人の母国語を使用している子どもたちの中で、通常の授業を理解している子どもは15.9％しかいない現状が判明したことからも日本語指導の支援がどれだけ重要かがわかる。

さらに、在籍期間が5年以上で通常授業の理解に課題がある生徒が中学3年の時点でまったく日本語指導を受けていない生徒が44.7％にのぼることも明らかになった。また、地域によって受けられる指導環境に差があることもあり、今後の検討課題としている。

そして、外国人の子どもに対しても日本人と同じく、平等な教育機会を求めているのが、この報告にみられる点であるが、まさに多文化共生の基本となる考え方は評価できる。

また、母国語を話せる支援員が十分に配置されていない現実もあることが報告されている。この報告ではフィリピンや中国を母国語とした子どもたちへの支援員の実態が中心ではあるものの、彼らの多くは緊急雇用創出事業など、国の緊急経済対策により身分が保障されない臨時職員として採用されており、事業の終結により職を失う可能性もある不安定な身分であることが理解できる。

こうした実情は学校現場にさらなる負担を強いるだけでなく、支援員として蓄積した専門的知識や経験も、中長期にわたる指導に活かす機会を奪

う。その上、母国語を話す保護者の世代との意思疎通を図る上でも重要な役割を果たしているため、支援員に対する財政的な支援の配慮を求めている。これは本論の課題でもある多文化共生を実現するための抜本的な対策をもとめる現場からの声として受け止めることができるのではないだろうか。

　一方、学校教育を所管する文部科学省はどのような認識なのだろうか。外国人集住都市会議で配布された資料から文部科学省が「学校基本調査」や「日本語指導が必要な外国人児童生徒の受入れ状況等に関する調査」をもとに把握している数値として、公立学校に就学する外国人児童生徒数は、2011年度時点で約7万3000人おり、2010年度以降、減少していることがわかる。一方、2010年時点で公立の小・中・高校などに在籍する外国人児童生徒のうち、日本語指導が必要な人は約2万9000人で、2008年度の調査から若干減少しているが、ほぼ横ばい状態だということである。

　また、外国人の子どもたちに対して日本語教育を行うため、義務教育の小中学校などには2012年度予算で1385人、2013年度の概算要求で1485人分の加配教員を配置している。給与については国（国庫負担）が3分の1、地方（地方交付税）が3分の2を負担するとしている。高校では2012年度予算、13年度概算要求ともそれぞれ40人で全額地方交付税の負担である。小中高校はともかく、大学進学や就職を直前に控えた世代に対して、40人という数値は果たして適性規模といえるかについては疑問が残る点である。

　また、外国人の子どもたちに向き合う日本語指導者については、独立行政法人教員研修センターで外国人の子どもの指導に携わる教員や校長、副校長などに対して、日本語指導法などを内容とした研究を毎年1回、4日間、110人を対象に行われている。

　さらに公立学校における帰国・外国人児童生徒に対するきめ細かな支援事業として2013年度概算要求として9100万円が組み込まれた。これは公立学校への就学の機会を保障するため、就学相談窓口を設置したり、公立

学校に円滑に子どもを受け入れるため、母語がわかる支援員を配置すること、そして、日本語指導を充実したりすることが想定された。

　注目すべき点は2009年度補正予算として37億円が計上された「定住外国人の子どもの就学支援事業」である。不就学となっているブラジル人などの子どもに対して、日本語の指導や学習習慣が確保できる場を外国人集住都市に設け、主に公立学校への円滑な転入ができることを目的としている。ただ、公立学校における帰国・外国人児童生徒の受け入れ促進事業という位置づけではあるが、これはあくまでも外国人労働者の保護者や子どもの意思を尊重したものであるべきで、「公立学校へ転入してこそ一人前」といった考えが少しでもあるとしたら、その考え方の問題として疑問が残らざるを得ない。

　外国人学校で18歳まで過ごすか、日本語がある程度流暢に話せ、理解できるまでに学習した時点で、公立学校に転入するのか、そのまま外国人学校に残るかの選択は、あくまでも外国人労働者の保護者と子どもが話し合って決めるものであり、保護者の今後の日本国内での生活や本国へ帰国予定があるか、ないか、など総合的に判断されるべきものであろう。少なくとも行政側が公立校への転入を「促進」することが「第一」であるとは考えるべきではない。あくまでも一人の生活者としての外国人の子どもとその家族が、公立校への転入を望んでいる家族に限り、最大限に支援をするといったスタンスを崩すべきではないはずである。これは多文化共生の視点から忘れてはならない考え方ではなかろうか。

　さらに、内閣府定住外国人施策推進室が外国人集住都市会議の席上配布した資料として、「日系定住外国人施策に関する行動計画の実施状況について」と題したものがある。それによると2010年8月の日系定住外国人施策推進会議で示された基本的な考え方として、「日本語能力が不十分な者が多い日系定住外国人を日本社会の一員としてしっかりと受け入れ、社会から排除されないようにする」という文言がある。日本語で生活できるように、子どもを大切に育てるために、などの柱をクリアするために示され

た考え方であるが、基本指針は、あくまでも生活者としての外国人の目線に立った考え方が根付いていると評価できるものである。

その中で、とくに日本語教育、日本語学習の分野については、前述したような文化審議会国語分科会日本語教育小委員会での「生活者としての外国人」とした位置づけのもとでカリキュラム案などが検討されていることは中も注目に値するといえる。

3　「生活者」としての認識を新たに

前章を中心に紹介した、各地の外国人労働者の子どもをめぐる教育環境と地元自治体の対応策をみてもわかるように、外国人労働者の増加傾向とその子どもの教育問題は、もはや一つの自治体内で解決できる問題ではないと思われる。本章でみてきたように、政府の機関が、国内に在住する外国人労働者を一時的な滞在者ではなく、日本国内で日常生活を営む「生活者」として認識を改めたことは有意義なことだといえる。

外国人学校の側も、ほかの専門学校や予備校など各種学校や大学受験予備校などからしてみれば、国からの補助金を得られる立場におかれていることは羨ましい存在かもしれない。しかし、ここで確認しておきたいのは、外国人労働者でとくにニュー・カマーの場合は、別項で述べたように、彼ら外国人労働者の先祖で、日系１世の移民は、本人の自己責任ではあるものの、政府の施策の一貫として日本から南米に移り住んだ特殊な歴史を抱えており、その子孫が職を求めて来日しているとしたら、彼らの生活や教育は何らかの形で支援が必要となるであろう。確かに何ごとにおいても自助努力は必要である。しかし、言語や生活習慣の違いが明らかになり、社会問題となっている以上、共生社会を確立させるため、地元自治体に任せきりではなく、国を挙げて取り組むべき課題であるといえるのではないか。

そうした観点から将来的には、学校法人自体が財政面でも自立をするこ

とが理想形かもしれないが、出稼ぎに来ている外国人労働者の収入形態などを考えると、自治体や民間の財団などからの財政的支援は当分の間は必要であると思われる。それは共生社会を実現するためであることを大前提として、外国人学校を運営する学校法人に対して、国民の税金を投入することはやむをえないのではないかと考える。もちろん、支援を受ける限りは学校側もどのような使い道をして、どのように有効に使っているのか、現状に対する情報公開を国民に対して行うことが必要となってくるであろう。いずれにしても共生社会の実現は、人間一人ひとりの心の持ち方にも影響するのは当然ではあるものの、現実問題として、政府や地方自治体が財政面での援護措置を施してこそ、まずは多文化共生が実現するものであると認識したい。

【第5章】
多文化教育をめぐるヨーロッパ諸国との比較

1 イギリスの移民の状況

　多文化共生を考えるにあたり、現在の日本国内の教育現場の実態を考察したが、そもそも多文化共生社会についてのさまざまな課題を乗り越えている、あるいは乗り越えようとした経験をもっているのがヨーロッパ諸国である。事実上、失敗に終わったなどの結果論はともかく、本章では、イギリスやフランスなどヨーロッパ諸国の移民をとりまいてきた状況をみながら、逆に日本の多文化共生社会や教育現場の状況を考察してみたい。
第一に取り上げるのがイギリスであるが、同国はEU諸国の一部として欧州の一角に位置し、島国である日本と地形的な環境が違う。同時にイギリスはヨーロッパ諸国からの移民を現在も受け入れている国として、マイノリティ集団との共生をめぐる問題を抱えているため、前章に掲げた日本国内の外国人集住都市における南米系外国人とその子どもをめぐる教育環境に関する諸問題の比較・考察ができないかと考え、本章ではまず、イギリスの例を取り上げることとする。

　移民がイギリスへ移住してきたのは、何も陸続きの欧州各国からとは言い切れないことは歴史の上からも明らかである。19世紀前半にイギリスに移住してきた中国人が、広東での東インド会社独占の終了後、イギリスと中国との間でアヘンやコカインなどの取引競争の増加で、船員として安い賃金で定期的に雇われるようになった。彼らはまさしく中国の農夫たちであった。19世紀の終わりごろにはロンドンなどに小規模ではあるが、ドックの近くに中国人によるコミュニティができていた。

　20世紀半ばごろからはイギリスでの移民労働者が増え始め、当時は旧植民地国のカリブ系とインド亜大陸系であった。さらに1980年から90年代に

かけて途上国の部族対立や社会主義国の崩壊、グローバリゼーションの深化に伴う「文明の衝突」により、多くの難民が発生した。[65]

さらに、21世紀の現代において、イギリスで進行しているのは、過去と同じような途上国からの人の流れで、旧社会主義圏の新EU諸国からイギリス人の就きたがらない仕事を求めて入国する一群の人々が存在している。また、カリブ系移民の教育界でのドロップアウト問題も依然として深刻とされている。この教育問題は日本における南米系外国人の子どもたちが学校の授業について行けない状況と何が違うのかについて、佐久間の研究成果をもとに、以下、論を展開していきたい。

まず、イギリス社会をみると、古くはイングランドやスコットランド、ウェールズや北アイルランドの諸地域からの連合体であることはもとより、前述したような中国をはじめインドやパキスタンなど諸コミュニティの「モザイク社会」で、コミュニティ単位で多文化の容認されている国家とされている。[66]しかもアングロ・サクソン系の社会の特徴としては、アメリカも含めて、エスニック・マイノリティを集団単位で受容することにより、むしろ「隔離」している傾向があり、イギリスの場合は、宗教的かつエスニック的な差異を認め、自治体単位の支援は行うが、マジョリティはもとより、マイノリティの相互間にもあまり交流をみない「隔離型」だとされている。

そうした観点から日本をみてみると、地理的には島国であり、韓国や中国など海を渡って日本に移住してきた、いわゆる「オールド・カマー」と呼ばれている人たちは確かにいるが、欧米諸国のような宗教的な分類はできない、あるいは論外である形で移住してきているものと考えられる。また、本論で注目しているような南米系日系人のように、1世までさかのぼると日本人にルーツがたどり着く、といった外国人集団とは違う歴史をもっていると考えられる。

例えば、佐久間はイギリスの移民の実態と比較するためフランスの共和国モデルを挙げている。共和国の原理というのは、完全な個人としての平

等が強調されたかといえば、歴史的にフランス革命以前の人々はすべて、何らかの身分的・特権的集団に所属し、それを通して特殊的利権を享受していたとされる。そして、カトリック集団が特権的地位を占め、ほかの集団への排他的な権力をふるっていたとのことである。

こうしてみると、欧米での身分格差は、日本における日本人と外国人住民との関係とは性格を異にするものであると考えられる。少なくとも日本における「オールド・カマー」の場合にしろ「ニュー・カマー」と呼ばれる南米系のコミュニティにしろ、日本国内で仮に日本人との「共生」が達成できていなかったとしても、ヨーロッパの多文化社会をめぐる問題とは異質なものではないかと考える。その理由は、もともとその地に住んでいた日本人住民と外国人住民の間には、例えばヨーロッパのように、仏教とキリスト教などといった宗教の壁は存在せず、宗教的な背景が原因でどちらかの住民が特権的な地位を確立していることは到底考えられない。この点で、その特徴として挙げられるのではないだろうか。

実際問題として、イギリスの側も、移民を受け入れていたかつての状況から一変していることが佐久間によって指摘されている。イギリスは比較対象にされやすいフランス同様、理念的、現実的に統合には多くの問題を残しているが、近年EUがらみで「上から」の統合の新しい動きがあり、それがエスニック・マイノリティの統合にも従来とは異なる展望を与えているということである。もともとイギリスでエスニック・マイノリティといった場合はヨーロッパ域内のマイノリティではなく、連邦国出身のマイノリティであった。しかし、欧州統合が深まるにつれ、域外マイノリティも半分近くがイギリス生まれであるという現実の中で、政策面でみても域外出身者にも大きな影響を与えつつある。

とくにEUレベルでの最初の人種差別禁止法であるアムステルダム条約が1999年に発効され、人種やエスニシティに依拠した雇用、教育、社会教育などの差別を禁止したことでイギリスの人種関係法にも影響を与えている。例えば、1998年にできた人権法は強制的な労働からの自由や私的

な生活を尊重されることなど、集団としてよりも個人としての権利の側面が強調されている。また、本論の課題としている学校などの教育現場においても、2000年からイギリスの小中学校に導入されたカリキュラムの中に「情報およびコミュニケーション技術」とか、「シティズンシップ・エデュケーション」の科目が加わり、人権を重視する教育が模索されている。こうした動きは、1993年に黒人青年が白人青年らに路上で殺害され、警察の不手際で嫌疑のかかった青年を起訴できなかったとされる「ローレンス事件」が引き金となったといわれている。このような白人による黒人の差別問題をきっかけの一つとして、若者に社会的かつ道徳的責任を育成し、コミュニティや政治への積極的な参加を促すことが重要視された。

このような問題は、日本の外国人集住都市ではまだ起きていないと判断できる。日本では少なくとも欧米のように人種や肌の色など「見た目」による差別意識はほとんどみられないといってよいからである。しかし、外国人集住都市の中では、古くから住んでいた日本人住民と「ニュー・カマー」の外国人労働者の家族との間で、例えば、日常生活をしていく上で、ゴミ出しのルールが守られないことなどに端を発して、心理面も含めたトラブルが決して少なくないのは事実である。明らかな統計は今のところないが、外国人の子どもが不登校、不就学になるには、やはり根底として「いじめ」の存在が大きな理由として占めていることが考えられる。仮に「いじめ」がなかったとしても、日本人の同世代の若者とのコミュニケーションがうまくとれないことにより、「事実上」外国人に対する差別や排除がなされているのではないかと考えられる。

それでは、実際の社会や教育現場でこうした社会的な排除や差別は、イギリスと現代の日本とではどのような違いがあるのだろうか。

2 ヨーロッパ移民と多文化共生

　イギリスやフランスの国民は、20世紀以降、大半が英語やフランス語の話者になった。そうした意味からは国民文化への同化をほぼ達成しているというのは宮島喬である。(67)アメリカにおいてもアングロ・サクソンをモデルとした英語、個人主義、日常行動様式に多くの移民やその2世、3世は倣おうとして「アングロ・コンフォーミティ（アングロ同調主義）」という言葉が作られ、「同化」が当然とされた。日本人で移民を経験した1世の人々は、ブラジルやペルーに移住した際は現地のカルチャーに溶け込むことが最低限、必要とされたことが推察できる。

　このような移民の歴史を振り返ると、同化が当然とされるのが移民の特徴ではあるが、逆に現在日本に入国している「ニュー・カマー」の人々に対しては、少なくとも国全体で日本語を強要しているわけではないのが現状である。日本語教室や日本語教師の配置を積極的に行っているのは、決して「同化」ではなく、あくまでも彼らが日常生活をする上で、つまり「生活者」の日常の中で「もし日本語が必要ならば」、日本語を習得する機会を作ることに協力や支援は惜しまない、というスタンスをとっているのが実情である。

　ただ、宮島のいうように、日本において「同化」の歴史がまったくないというわけではない。アイヌや沖縄住民、そして「オールド・カマー」とされる在日コリアンに対しては、日本名の使用や日本語の完全な習得へと向かわせたという事実があるので、現在のところ、「ニュー・カマー」に対して「同化」という言葉を用いての言語の強要などは、ひとまず表面的にはなされていない点と比べると、対照的な現象である。

　また、イギリスでは「英語とウェールズ語は同等である」というウェールズ言語法が1967年に成立し、スコットランドでもフランスのブルターニュでも住民たちが民族的アイデンティティを表出するようになった。アメリカでも公民権運動や公民権法制定を経て、例えば黒人の中にはマジョ

【第5章】多文化教育をめぐるヨーロッパ諸国との比較　107

リティの白人の文化への同化ではなく、独自のアイデンティティと自尊感情を追求する動きがある。しかし、日本国内の外国人集住都市を見る限りは、日本の行政による「上からの」言語の押し付けもなければ、独立感情を出すニュー・カマーの姿は見られないのが現状である。

　ヨーロッパの場合は、文化の中に位置する宗教の問題が含まれているようである。ヨーロッパは「旧世界」と呼ばれた時期があるが、外国人や移民が総人口の1割を超えるスイスやドイツのような国も現れており、大都市で民族が違う人々の共存が始まっていた。宮島によるとヨーロッパの中でも増加する移民たちの受け入れの仕方は国によって異なり、どちらかというと「同化」を求める国と「文化多元主義」の考えにもとづいて、移民たちの文化や宗教、生き方を許容する国に分かれたということである。こうしてみると、日本の場合は日本語の補習授業などの立場をみても、あくまでも「生活者」としての外国人労働者やその家族の生き方を尊重している。あまり宗教儀式や価値観は前面には出ないのが特徴だが、「上から押し付け」ではなく、ニュー・カマーたちの人生観や価値観、日ごろの生き方を重視している様子がわかる。

　ただ、宮島の立場からは「ニュー・カマーの外国人たちも母語・母語文化の教育の機会を与えられず、日本語習得・日本の学校教育への適応を求められている」と現状を認識し、さらに「日本人は宗教に理解があるとはいえず、クリスチャンやムスリムである外国人は多文化容認の寛容のなかに迎えられているとはいえない」としている。

　実際、本論の調査においては、日本の行政側の立場から公立の小中高校で補習授業を行っている実態とともに、外国人学校が準学校法人化され、本国のカリキュラムで授業が任されている点について述べてきており、日本の公立校に進学するか、あるいはブラジル人学校など外国人学校にいるかについては、外国人の子ども本人やその保護者の意思が尊重されていることが顕著であることから、宮島のこの部分の理論については、多少の疑問を投げかけざるを得ない。もちろん、公立校において教科の補習をして

いる際に、彼らの信仰する宗教を意識しなければならないケースがどれだけあるかは不明確な部分もある。ただ、万が一、意識しなければならない場面が生じても、その信仰の言動を遮断する動きが生じる可能性は低いのではないかと考える。

　宮島は一般論として、「移民から定住者になった者」や「その社会の支配的文化と異なる文化を保持する者」に対して「マイノリティ」という用語が当てられることを指摘している。そして、定住の度合いを高めている南米系の外国人も非常に多くが非正規労働に就き、「マイノリティ」の性格を帯びていると主張している。

　ヨーロッパにおいては、とくにイギリスやフランス、ドイツなどでは発展途上国(とくに旧植民地)出身の移民が定住民となり、ブルーカラー労働を担い、高い失業率に苦しむ傾向にあり、結果としてマイノリティ集団が作り出されているという現象がある。相対的に低賃金で、スキルアップの機会に乏しいのが特徴である。日本においても確かに、外国人集住都市におけるニュー・カマーの人々は製造業を中心とした工場労働者であることが多い。こうした意味から、やはり日本にいる外国人労働者も外国の例に従えば、マイノリティ的な存在と言わざるを得ないのではないだろうか。

3　イギリスの移民問題と学校での排除

　佐久間によると、2007年からイギリスにおいては、学校がコミュニティ間の媒介や相互交流、結合の場として機能をもってきたことを紹介している。[68] イギリスにおける学校という存在は、社会に出る前にさまざまなコミュニティの子どもが一同に集まり、接触し、お互いの文化を理解する重要な場であるとされている。しかし、このような試みの中で新たな課題となっているのは、生徒の学校からの排除問題であるとされる。社会で排除される前に学校の時点から排除が始まっているというのが佐久間の見方

である。それは児童・生徒の停学や退学が義務教育段階から始まっているという事実からも明らかであろう。とくに中学からのドロップアウトが多く、エスニシティ別では黒人系やカリブ形が目立っている。そして、学校への関心が薄れているのは、学業についていけないことが最大の原因である。とくにカリビアンには家庭崩壊やシングルファミリーが多く、学業に専念する以前の問題を抱える子どもが少なくない。

さらに、イギリスの政策として、サッチャー政権時代からは学校間の競争原理が導入されたため、マイノリティの多い学校は不利だという観念が共通している。つまりは、マイノリティの多い学校だと、通常の科目に加えて、地域の文化や宗教などを教える時間を割くには時間が限られてしまうので、自ずと一度辞めた子どもを復学させたくないか、各学校の授業の妨げになるような生徒の切り捨てに結びついているのではないかと考えられている。

停学や退学になる理由としては、生徒や教員への暴力などが挙げられる。カリブ系では窃盗が、アジア系ではナイフなどの凶器の持ち運びが起きやすい傾向にある。このような学校内の問題が起きるのは、人種差別が背景にある、という見方もある。つまり、白人教員がカリブ系文化に理解を示さないという問題も多文化教育論者からは出ている。このような学校という教育現場がコミュニティの一部と位置づけられ、その中で一部の人種の排除が行われているというのがイギリスの特徴とみられる。

それでは、このような学校の教育現場に焦点をあてて現在の日本国内をみると、実情はどうであろうか。日本においては特定の外国人、あるいは「人種」に対する差別はほとんどみられないものと考えられる。欧米などと違う点ではあるが、ある人種が別の人種に対して、その社会では身分が「下位」とみられている人々を差別的な視点でみたり、接したりする文化は、日本には、少なくとも表立っては、ほとんどないと考えられる。したがって、日本の、特に外国人集住都市において、日本人住民と外国人住民がうまく交流できていないとしたら、これは必ずしも欧米型の身分意識

のように、「上位」の者による人種差別とは言い難いのではないかと考える。また、外国人集住都市では、不就学の児童・生徒の存在が社会問題となっているが、これも前述したような学校現場における窃盗や凶器の所持など、場合によっては刑事事件につながりかねない実態は、ほとんど認知されていないと考えられる。

したがって教育現場における「差別」や「排除」を考える場合は、日本においては言語習得などの問題から学校に登校できない外国人子弟が存在していることは現実問題として挙げられるが、不登校、不就学の子どもの背景には欧米にみられるような人種差別による排除とはかけ離れた実態があるとみられる。

「多文化主義」と日本の現状について、宮島はイギリスの社会学者のジョン・レックスのコンセプトを挙げている。彼によると移民マイノリティの対応として、政治や教育、雇用の平等はもちろんのこと、民族的習慣の宗教や家族生活、道徳などを実践する権利も認める方法として「多文化主義」の言葉を用いた。欧米では「多文化（主義）」は、「自由」の名のもとに称揚し、権利を要求する多文化主義が横行しており、結局、文化の隔離的併存を引き起こしてしまうというのである。宮島はイギリスやアメリカ、フランスの例を挙げている。例えば80年代半ばにイングランド北部の公立校では、ムスリム父母連盟の要求に基づき、校則やカリキュラムを修正した多文化教育が実施されたところ、ムスリムの父母とその他の父母の分離を引き起こした事実がある。

アメリカではカリフォルニア州で、英語とスペイン語のバイリンガル教育に反対の声が上がっているとされる。また、フランスにおいても1889年から1900年ごろにはイスラムのスカーフ着用が標的とされ、これを容認するような「多文化主義」に対して議論が巻き起こった。

これらの事実に対して、宮島は、日本にあてはめて多文化主義を警戒することには反対論を述べている。その理由として、南米などの文化が日本の文化よりも偏狭な特殊主義的な要素を含んでいないことや、外国人の

総数が総人口に対して極少の割合であることを挙げている。前述したように、日本においては欧米諸国と違い、宗教対立がおきていないばかりか、学校現場における外国人住民に対して身分格差を強いた上で差別をするといった言動はみられないし、日本の文化からしても欧米のそれとは異質な文化体系をもっているといえよう。南米系外国人やその子どもたちがマイノリティであるにしても、日本人でないことを理由に、差別や日本人との間に紛争が生じるとは、これまでに少なくとも公になっている実例ではほとんどみられず、今後も発生しにくいのではないかと思われる。

ただ、宮島も指摘するように、家族や学校生活の面で「郷に入りては…」といった同化主義的な考え方を排除し、滞在している外国人の文化を理解することから出発することが重要になってくる。例えば、ブラジル人の若い女性にとり、ピアスをするということは親や祖父母が示した愛情表現の一種なのであり、これを「校則違反」として規制することが果たして正しいのかどうかといった課題が生じてくるのである。日本人教師やクラスメートが耳飾りとしてのピアスの存在を、精神的および文化的な象徴であることをどこまで理解できるか、単に「不真面目」というレッテルを貼らずに共に生活ができることが課題になっているといえる。

フランスの例については、佐久間がフランス革命当時の現状を論じている。[70]当時はカトリック集団が特権的な地位を占め、ほかの集団に対して排他的な権力をふるっていた。こうした状況下で個々人が同等な権利を主張するためには、いったんすべての構成員の属性を剥ぎ取り、身分的な特権や権利を否定する以外にはなかった。これに対してアメリカなどのアングロ・サクソン型の「多文化」は、入学試験や就業に対して、一時期、人種的な割り当てとして、就職や教育の差別的な行為を排除するアファーマティブアクションがとられ、これが場合によっては逆差別になりかねないことが懸念された。

こうした差別的な慣習については、国家の垣根を越えた世界レベルでの法律や条約の制定が必要とされた。例えば、1997年のアムステルダム条約

は、人種やエスニシティに依拠した雇用や社会保障、さらには商品やサービスの差別を禁止したもので、実質的にEUレベルでの最初の人種差別禁止法とされている。さらに2000年代に入り、EUでは学校教育分野にも押し寄せ、2000年からは「カリキュラム2000」が導入された。内容は「情報およびコミュニケーション技術」と「シティズンシップ・エデュケーション」の2つの柱で、人権法の精神を学校レベルでも習得させる目的があった。

　日本においては、外国人集住都市における不就学児童や生徒をなくす施策が試みられているが、実際、人種差別的で、あからさまな言動がみられないせいか、「シティズンシップ」を学ぶカリキュラムはまだみられない現状がある。しかし、これほど外国人労働者が多く住む日本国内において、外国人集住都市に分類できない地域であっても、将来的にみて、日本の社会人になりうる子どもたちが、現在の学校で、あるいは、将来の職場で外国人労働者と机を並べる機会は相当な確率で増えるものと予想できる。そのため、仮に人種差別的な行為が存在しなかったとしても、「シティズンシップ」を学ぶ教育は近い将来、日本の教育現場でも必要となるはずである。現在の道徳のような科目の中に組み入れられるか、あるいは道徳とは別の科目として取り入れるか、また、英語などの授業で異文化コミュニケーションを学ぶ際に、単に英文解釈や英文法、英会話を学ぶだけでなく、差別意識をなくす道徳的あるいは、倫理的な配慮がなされたカリキュラム作りが必要になると考える。

4　ヨーロッパとは違う日本の「多文化共生」

　以上述べてきたように、ヨーロッパの多文化共生の経緯をみると、日本においては積極的な同化策は行われていないことがわかる。これはヨーロッパと日本の多文化共生を実現するまでの経緯において、ヨーロッパ諸国においては、もともと住んでいた住民と移民との間に宗教による対立な

どが顕著にみられた例があるが、日本の場合はそこまで及んでいない点が挙げられる。そうした観点からみると、日本においては、少なくとも本論で扱うニュー・カマーを取り巻く環境を考察すると、「上からの同化政策」といった形は公の場面ではみられないといってよいのではないだろうか。

また、日本の場合は欧米にみられるように、少数民族が刑法に抵触するような刑事事件に積極的に関与するといった構図はない。実際、外国人集住都市において外国人の住民の中には、刑法犯もまったくみられないわけではないが、外国人だからといってその数字が顕著であるわけではなく、日本人住民の中からも同じように刑法犯が出ているといえる。むしろ外国人を犯罪と結びつけて考える発想は、差別や排除につながりかねない考え方であり、必要以上の感情的な見方は避けるべきであろう。もちろん、当然のことながら、犯罪事実があった場合は、報道機関は大いに国民に対して情報提供をすることは、何も問題ではない現状は言うまでもないだろう。

ただし、明らかな同化政策は見られないといっても、後述するように、一貫した公教育の現場において、例えば、日本におけるアイヌ民族の存在などを重視しない教育が行われてきたことは、日本人の中に何らかの形で同化主義意識が存在していると言えなくもないのである。

そこで、今後の課題として、シティズンシップを学ぶ教育というのは、日本においてはまだなされておらず、とても重要な位置を占めると考える。外国人住民がもはやどの地方都市においても珍しくなくなっている昨今、子どものころから外国人住民の存在や文化を尊重するといった、学校教育におけるシティズンシップ教育の重要性はますます高まっているといえるのではないだろうか。

また、本章では移民の歴史があるとされるイギリスを中心としたヨーロッパの歴史を考察するにとどめたが、南米系日系人の母国であるブラジルやペルーの現地ではどのような移民政策が取られているのかも興味深いところである。「多文化共生」という言葉はないかもしれないが、例えば、

ペルーなどは日系2世のフジモリ大統領を擁立した歴史もある。ブラジルやペルーにおいて、本論でもみているように、現地に移民してから職業や待遇などの面で苦労はしたものの、日系1世の移民を受け入れた歴史があるが、政策としてどれだけ「異質な」文化を受け入れていたのかについては、政治や社会構造など幅広い観点からの考察が必要となる。今後の研究課題としたい。

【第6章】

多文化共生とは何か

1 「多文化共生」概念の考察

1-1 多文化共生における「多文化」とは何か

　多文化共生社会を考えるにあたり、カナダの政治学者、ウィル・キムリッカはアメリカやカナダを想定して「多文化主義」が強調される場合の典型例として、①ナショナルな少数派、②移民集団、③孤立主義的な民族宗教的団体、④外国人居住者、⑤アフリカ系アメリカ人、の5つのモデルを挙げている。[71]

　これに対して佐藤潤一は、キムリッカが持ち出す「多文化」は「一定のまとまりをもった少数者集団の文化の是認」というのが端緒で、かなり広い意味合いをもっているとして、「日本語教育を文化との関係を考えるには若干広義に過ぎる」と分析している。[72] 前述した外国人集住都市における教育の課題は、④の外国人居住者が抱える問題であると同時に②の移民集団の問題であるといえる。佐藤の述べるように、多様な文化的な背景を持った人がいるのなら、それらの個性をまったく無視してしまうのは問題がある、というように緩やかに考えるべきだというのは、本論で取り扱うような外国人労働者の子どもをめぐる教育問題にもあてははまるのではないかと考える。

　佐藤の分析としてさらに興味深いのは、日本に在住する「外国人」の類型について、中国や韓国・朝鮮人などを中心とした「旧来外国人（オールド・カマー）」と本研究のテーマである南米系の「新来外国人（ニュー・カマー）、それに「一般外国人」と3類型に分けることは不十分であるという点である。入管法規制対象者である「外国籍」保有者の分類としては

成り立ちえても、「帰化」した元「外国籍」保有者についても考察の対象に入れなければ、ほとんど意味がないという理由は、外国人集住都市に在住する外国人労働者やその家族の実態を知れば納得できる点である。

第1章で述べた「日系人」の「系」の解釈にも通じる課題であるが、南米系外国人として日本に家族ぐるみでやってきた人でも、佐藤が述べるように「帰化」した「外国籍」保有者であっても、先祖をたどれば日本人の日系移民1世にたどりつくかもしれないが、3世、4世と世代が進むに従い、人によっては現地のブラジル人やペルー人と結婚し、さらなる子どもたちは事実上のハーフやクォーターとして来日している人もいるだけでなく、世代が若くなってから、日本に住む期間が本国にいた時期よりも長くなっている、などさまざまであることから、単に3分類しただけでは説明がつきにくいという考え方ではないかと考えられる。

実際、佐藤の研究からもわかるが、ブラジルのように、その歴史上の特殊性から日本との2重国籍を持っている人もいて、両親との関係で国籍は日本だけれども日本語は話せないという人や、子どもは日本語が話せるが親と話が通じない場合もあるという現象は、外国人集住都市ではどこでも起こりうる、新たな社会問題となっている。こうした背景がある場合、基本的には広義の意味での「多文化」、つまりニュー・カマーの人々を考えるにあたっては必ずしも日系1世の日本人にたどり着く人々とは限らない、広い範囲の「日系人」であることを捉えておくことが大切ではないかと考える。

1-2 多文化共生における「文化」とは何か

現代の日本社会においては、中国や韓国をはじめとする「オールド・カマー」とされる外国人に加えて、南米系のニュー・カマーと呼ばれる外国人が増えているほかにも、世界各地からの留学生や技術研修者、専門職など多種多様な立場から日本各地への定住者が増えている。もともと日本に

いたアイヌ民族や琉球民族、在日コリアンや中国人など、日本社会で根付いてきた民族や文化の課題に加え、新たに南米系からの定住者が増え、個人レベルや集団レベルでの文化的なアイデンティティをどのように形成していくのか、あるいは、地域ごとにいかに多文化の状態が進み、多言語化に対応していくのかという問題を浮かび上がらせている、というのは山西優二である。[73]

山西によると、国や民族といった枠組みが静的なものであるのに対し、文化は動的なものであることを前提として、多文化社会の進展に伴う文化的な状況について、まず、個人レベルでみた場合は、単に個々人の周りに多様な文化が存在しているような状況、つまり静的な状況ではなく、複数の文化にまたがって生きている人々が急増しているという主張をしている。これは南米系日系人の現在おかれた状況をみても、子どもを公立の小中高校や外国人学校に通わせる親は母国語を話し、またその子どもは日本人の子どもと友達づきあいをしながら日本語を自然な形で習得しているというように、外国人の一家族をクローズアップしただけでも、異なった文化的な背景をもつ構成員が一つの屋根の下に暮らしていることがこれを物語っているのではないだろうか。

複数の文化が混じりあっている状況は、文化の多様性や多層性が活性化されながら、個々の文化的アイデンティティの形成の過程が多様かつ流動的になっている状況を意味しているという山西の理論がある。これは、前述したような一つの家族の中でも個々人が言語的な生活環境や学習環境が違うため、母国語の維持や習得が、まさに言語そのものが文化であるという位置付けをするならば、個々人の文化的アイデンティティを形成するにあたり、大きなインパクトを与えているといえる。

このようにみると、これまでの学校教育で示されていたような文化や民族文化を固定化して定義づけるやり方は、文化を静的で固定的に理解し、その多様性への尊重だけを強調するアプローチの仕方では今の状況に対応できないとされる。人間の生活の営みの中に緊張状態が生じていることを

認識し、これを克服するために、つまりは多文化の緊張関係で文化が混在している中において、この状況を克服するための文化への動的なアプローチが必要とされているという理論には同感できるものである。

　「文化は動的な特性をもつもの」とする山西の理論をさらに深めるため、山西はベルギーの社会学者であるティエリ・ヴェルヘストルトの「文化において重要なのは、その中味よりも文化が個々の人間と社会の両方に影響をもたらす役割としての『文化の人間的役割』である」という指摘を例に用いている。つまり「文化の人間的役割」とは第一に、人間に自尊心をもたらす、第二に、選択の基盤を与えてくれる、第三に、不正行為に抵抗して闘う武器となりうる、第四に、人間の抱く根本的な問題に意義を与えるというそれぞれの役割のことであると位置づけている。

　これを南米系日系人の文化にあてはめると、第一の役割はかくて黒人運動のスローガンとして掲げられた「ブラック　イズ　ビューティフル」という言葉のもとで、己に誇りと自信をもたせる文化のような主義主張があるが、現在の日本国内においては見当たらないといってよいだろう。

　第二については、様々な影響や思想のあふれる社会では、人間は自分の位置を定め、それらを判断・選択をする基盤が必要になるが、その役割を担うことが文化であるとされる。果たしてこれが南米系のニュー・カマーたちの国内における日々の生活の中でみられるだろうか。学校教育も文化の一部分だとすると、日本におけるブラジル人学校など母国のカリキュラムに対応した指導を行う教育機関に自分の子弟を通学させることなどは、スローガンを掲げているわけではないが、生活基盤の軸足を外国人学校においていることがみてとれる。また、彼らの自分の位置付けは、日頃の生活においては、日本における家庭生活の中でも日本食ではなく、母国のブラジルの食生活を続けたり、日本の商業施設ではなくブラジルの生活雑貨や食材を売っている店に出向いたり、ブラジルのサンバフェスティバルのような行事に参加することも、自分の位置を定めている実例となるのではないだろうか。

第三の条件については、第一の条件に挙げたように黒人運動やインディオの抵抗運動のような目に見える形での反対運動のようなものはみられない。そもそもアメリカ大陸における黒人やインディオとは違い、日本の南米系外国人については、来日当初はいずれ母国に帰ることを前提としていたものであり、なんとしても日本の土地に住み続けなければならないという前提がないことが挙げられると考える。ただし、昨今の日本国内にみられる不況の影響で異変が生じているのをみてもわかるように、長期にわたり日本に家族ともども滞在し続け、行政手続きなどの面で不自由な点が生じるなどの問題が発生すれば彼らの不満が高まる可能性がある。しかし、現在のところ、少なくとも外国人集住都市を見る限りは、行政の側が率先して、外国人の子弟向けの日本語教育や補習授業を実施したり、一部の法人化が認められた学校に限ることではあるが、外国人学校への補助などを行ったりしている状況もあり、移住してきている南米系外国人にとっては不満を募らせることは、当面はないものと思われる。

　第四について山西は、文化については人生や死、自由、愛、自然といった人間の根本的な問題に指針と意味をもたらすといった第一から第三の役割の総称であると位置づけている。日本に滞在している限り、外国人労働者やその子どもたちにも、基本的な人権は認められ、最低限の生活を送ることは保障されるべきである。山西は「人間の根本的な問題」とは人間の尊厳を意味すると理解できる。ヴェルヘルストのいう「文化の人間的役割」について、日本人が十分に理解していないことが自らのアイデンティティを弱体化させ、マイノリティ、つまり、外国人労働者にとっての「文化の人間的役割」を奪う状況を生み出していると指摘する。これについては、現在の外国人集住都市が多文化共生を果たしていないとしたら、この尊厳が重視されていないことが原因ではないかと考えられるのではないだろうか。

　「多文化共生」理論が差別や排除にもなりうることの詳細については後述するが、似たような観点からの指摘を山西は行っている。つまり行政や

民間レベルで多文化化に対応した試みが数多くなされてはいるが、多様な文化の違いや共通点のみを理解すれば、多文化共生社会が実現できるわけではないことは明らかといえる。単に行政や民間レベルで「文化の違いや共通点を理解する」というのは多文化共生ではなく国際交流ではないだろうか。街の交流イベントで地元の外国人住民が、あるいは、学園祭などで留学生が自分の国の名物料理を振舞って参加者らが味わうといったレベルの交流は、国際交流とか国際親善の類ではあっても多文化共生というには物足りない。そこでは山西の指摘するように、多文化化が進展する背景としてのグローバル化の進展や、多文化を取り巻く、地域社会での政治的経済的状況や伝統的社会慣習・文化などについても構造的、批判的に捉えなおしていくことが「多文化共生」の定義づけに結びつくものと考えられる。

　実際、山西は教育に求められるものとして、「従来の文化の異質性や共通性を文化相対主義的に理解するものではない」と位置づけている。これでは国際交流や国際親善のレベルであるといえる。そこで山西は教育に求められる事柄を、①人間一人ひとりが、人間関係を基礎とした協働の中で、文化の人間的役割を理解し、②「人の中」や「人の間」にみられる現在の文化の対立・緊張の様相とその背景を読み解く、③より公平で平和な文化の表現・選択・創造に主体的に参加していく力を形成していくこと、そしてこの3つをあわせて「文化力」と呼んでいる。

　さらに文化力を形成し、多文化共生を実現することが教育の課題と確認している。そして、「学び」と「地域づくり」を連携させることが「教育を地域に開く」重要性から考えられることは、実際、外国人集住都市における日本語教育の実態を把握すれば納得がいく。本論でも触れているが、有償無償の区別や、その是非はおくとしても、地域の住民が外国人住民に日本語を教える場面が外国人集住都市では多くみられる。日本語学習支援を一つの学習の軸としながら、単に外国人住民を日本文化や社会に向けての「同化」として目指すのではなく、「生活者」としての外国人と「生活

者」としての日本人が出会い、対話することができるのは、山西が指摘している通りである。

さらに、外国人住民が抱える問題と日本社会が抱える排他性などの問題を協働の中で解決し、外国人住民がもつリソースを外国人住民の参加を通して地域社会に活かしていこうとする活動を見て取ることができるということである。

確かに日本人住民と外国人住民が日本語教室などを通じて接触する場面は増えてはいるが、実際の外国人集住都市における両者の接触できる場面は、日本人の有志による場合もあるが、現在のところ行政は一部のNPO法人の企画をもとに行われていることが少なくない。山西の指摘するような「生活上の必然性に即した学びづくりと多様な文化を活かした社会づくりを連動させようとする教育の姿を具体的に見出すことができる」という状態はまだ、国内においては発展途上段階ではないかと考える。もちろん、行政やNPOは市民の代表や代弁者であったりするという観点からは行政が行ったからといっても問題はないし、実際、学校現場における事業は教育行政が主体とならざるを得ない。また、「地域」と表現した場合は、住民個人でも、行政に携わる関係者でも、両方の観点から論じることができる。多文化共生を考えた上での文化融合はあくまでも市民レベルで自然な形で行われることが理想かもしれない。

このような山西理論に基づくと、「文化は人間と共に生きているのであり、文化に対する人間の主体性、創造性を軸に、学びや教育のあり様を必然性の中で描き出そうとしていることを指摘できる」ということであるが、この「自然な形」に結びつくかどうかの議論は別にするとしても、「文化力」の形成こそ多文化共生の課題であることからすると、外国人集住都市においては、ひとまず文化力の形成が他の都市よりも一歩進んでいるといえるのではないだろうか。少なくとも、文化創造の主体である人間が共生や平和に向けて、地域を軸とした歴史的なつながりの中で、文化の表現や選択、創造過程に主体的に関わっていくことであり、教育の課題が

必然性の中から浮かび上がるといえる。これはやはり外国人集住都市における外国人施策の試みや外国人の子どもに対する日本語教育の実施が新たな文化を創造していることに結びつく、つまりは多文化共生を実現しているといえるのかもしれない。

　それでは、外国人集住都市にみられるような先進地域は別として、日本人が考えがち、陥りがちな「多文化共生」の考え方とはいかなるものなのか。山西は地域や学校における実践で、それぞれがもつ異質性や同質性への理解を通して、文化の多様性への理解が重視されているものの、多くの場合は「静的」で「固定的」であるなどと指摘している。[74]つまり、こうした場合の文化とは、学習者である人間が理解する対象で、人間がかかわり、参加し、創造する対象とはとらえていないというのが理由とされている。だから教育の場で扱われる「文化」と生活の中にある「文化」との間に乖離した状況を生み出しているのである。つまり集団によって共有される生活様式や行動様式、価値など、一連の「文化」は生活における共同性の中で選択され、変容し、創造されるものでなければならないのである。

　国境を越えて移動し、生きる人々が増える中で、個々の文化的アイデンティティをどのように形成していくかが課題になっている。中でも子どもの教育の問題では「○○国の文化」とか「○○民族の文化」、「○○地域の文化」といった特定の国や民族、地域を背景に「文化」を静的でかつ固定的にとらえようとするのではなく、それぞれの構成員が参加し、創造していくものとして文化を「動的」なものとしてとらえることが大事だとされる。こうした観点から山西が定義づける「多文化共生」とは、「ある社会において、人間が相互に、それぞれの文化の表現、創造に主体的に関わりながら、全体としてそれぞれの文化が公正で平和な関係を作り出していく動的な状態」と位置づけられている。文化の創造のため、個々が動的に対応してこそ生まれるのであり、とくに教育においては、単にこれまでのような文化の異質性や共通性への理解にとどまるのではなく、文化を表現し、より公正で平和な文化の創造に主体的に関わっていく力を形成する

ことになることであると定義づけている。単に異文化理解のレベルではなく、自ら行動を起こして創造してこそ「多文化共生」であるという指摘はよくわかるものである。

さらに山西は日本語教育の場面にこの文化の定義づけをあてはめると、効率的に円滑に価値や文化をもつのではなく、ゆったりとした遊びのある時間や空間を大切にし、人間存在、そしてあらゆる存在への慈しみを意味する「スロー」で「やさしく」している状態を保ちながら、文化を共同して作り出していく「力強さ」が必要であるという認識は、単なる「国際交流」とか「異文化コミュニケーション」といったレベルを超えた定義づけを私たちに示してくれているものである。

1-3 「多文化共生」概念が生まれた背景

「多文化共生」とは何なのか、という考察が本論の主題の一つでもある。多文化共生概念が登場するのは、国家の構成要素として、多民族、多文化が存在することを前提としている、というのは浅香幸枝である。[75] 日本人は一民族で単一だという考えが浸透しているならば、こうした概念は生まれないのである。前述したように、アイヌ民族や在日コリアンのほか、在日台湾人などが多数、国内に存在しているのにもかかわらず、学校教育を中心に「日本は単一民族・文化」とみなされてきた。同時にそれで問題が起きずに来ることができたというのが実情ではないだろうか。浅香によると、南米系日系人が日本の地域に入ってくるまでには大きく分けて二段階あった。つまりは入管法が改正される以前にさかのぼり、1980年代半ばのプラザ合意による急激な円高により日本の企業はアメリカやアジア諸国に工場を移したが、少子高齢化と若者の３Ｋ（きつい、汚い、危険）の労働環境を避ける傾向から日本国内では労働力不足となった。そうした時期にラテン・アメリカでは「失われた10年」といわれるほど経済危機に見舞われ、日本が国策として送り出していた移民１世の人々が逆に日本に働きに

くるようになったのが第一段階である。

　日系１世といっても彼らは日本人そのものであり、日本語には問題がないため文化摩擦などの問題が生じなかった。しかし、1990年に改正・施行された入管法では「文化同質性」があると考えられる、日系人に限っての単純労働者の就業を認めた。しかし、「日系」の定義が現実問題としては曖昧だったのである。日系人やその配偶者が来日し、日系１世のときとは違い、日本語の通じない異文化をもつ人々が来日するようになった。実際には日本人移住地で育った２世とは違い、言語も文化も「日本人」ではない人々で、文化同質性は存在しなかったことが判明したのである。

　そして浅香は、多民族・多文化社会が日本国内で可視化され、「共生」の必要が国民レベルで認識され始めたのは2005年ごろではないかとみている。外国人登録者が200万人を超え、「デカセギ」ではなく定住化傾向が確認され、住民として多文化になった状態の社会像が浮き彫りになり、施策対象にしなければならなくなったという段階にきたことを挙げている。また、国民的議論として国全体での議論が遅れていることとして、いわゆる外国人集住都市に外国人労働者が偏在しており、それ以外の市町村では出会うことがなかったとされる。しかも、とくに教育の問題となると、基本的には都道府県や市町村の教育委員会のレベルでの解決課題であり、また、ブラジル人学校など、もともとは私塾扱いの「学校」についても文部科学省が関知することがあるわけがなかったのであり、水面下の問題と捉えられていたのであろう。しかし、現実問題として、地域の公立小中学校にはブラジルやペルーからの日系人の子どもたちが編入し、地元には母国の食材や雑貨を売る店が出店して、人々の認識が徐々にではあるが高まるにつれ、多文化共生の考え方が日本中に広まっていったのだと理解できる。

　ただし、この広まり方は私の知りうる限りは、外国人集住都市を中心とした市町村のレベルが地元の県や国に働きかけた結果、政府や中央省庁も認識し始め、対策を考え始めた、という順序であり、政府側から都道府県

や市町村に改めて認識や対策を促したという図式ではないことは確かである。

1-4 閉鎖的であることが特徴の日本人の「異文化排除」の価値観

　昨今は「多文化共生」について研究者が社会学や文化人類学をはじめとするあらゆる方面から対象とし、先行研究が集まっている。特に1990年に入管法が改正され、南米系日系外国人の入国および移住が定着しはじめると、さらに日本国内の研究者が増えてきたとみられる。実感としては、入管法改正から10年ほど経過した2000年代前半ごろから先行研究が増えているのがわかる。実際、私が2000年代前半に静岡県浜松市の外国人との共生の実態を新聞記者として取材し始めていたころから、多文化共生の分野に興味をもつ研究者やジャーナリストが徐々に出てきたという感触をもっていた。その時点では、本書と興味分野が重なるような、外国人集住都市会議などの動きを念頭においた外国人労働者やその子どもたちの教育問題、多文化共生論に軸足を置いた学術研究は、東京や東海地域周辺などを中心に一部の研究者に限られていたように感じている。それに遅れること3年から5年ほどの時が過ぎ、「多文化共生」といった概念や枠組みが学術界で頻繁に研究対象として検討されるようになり、引き続いて、その用語が学術研究や行政などの立場で相次いで使われるようになったというのが私の実感である。

　そのような現象は、それまで日本に移り住む外国人といえば、在日韓国・朝鮮人などいわゆる「オールド・カマー」と分類できる人たちがメインで、本論のテーマとしている南米系外国人の生活の実態が明らかになってきたのは、やはり入管法改正から10年ほどしなくては、それこそ「生活者」としての外国人の実態がつかめなかったのではないかと考えられる。

　しかも、2000年代前半ごろまでは、南米系外国人を雇用する企業側にとっても雇用契約の状態については、派遣労働がほとんどで、外国人専門

の派遣会社を通じて労働者が仕事を紹介されるケースが多く、製造業の有名企業を中心にその実態が明らかにされることはあまりみられることはなく、外国人労働者の雇用や彼らの生活の実態、まして、統計データを入手することは困難な側面があり、この世界は「ブラックボックス」の色彩が強いとみられていた印象がある。

しかし、都市部から地方都市に至るまで、街中を歩いてみるだけでも、いろいろな国や地域の人々が日本に移り住んでいることが明らかになってきて以降、行政機関や研究者も日本がいよいよ現代の日本社会が「多文化社会」となり、単に国際交流イベントとして握手をしながら互いのお国自慢の料理を堪能していればそれで済む、という一時的な会合レベルの通過儀礼で済ませるわけにはいかなくなってきたのだろうと考えられる。

さらにそうした現象が顕著となったのが、2000年代半ばに行われた経済界の重要人物の発言であったと思われる。別項で述べている外国人集住都市会議で、2004年の開催時に記念講演をした経団連の奥田碩会長（当時）が、「多様な価値観を持つ人を尊重して暮らすことが新たな創造を生む。現場で働く外国人の定住化が強まっていることに目を背けてはいけない。日系外国人問題の解決は多様性立国の試金石になる」と述べた。[76]

さらに奥田氏は2006年3月の記者会見で外国人労働者の受け入れについて「あらゆる職種で受け入れるのが望ましい」と語り、今後の労働力人口減少に向けて、「(高齢者や女性、ＩＴの活用のほかに) 4番目として外国人の活用が必要だ」と語った。[77] このように単に国際交流のレベルではなく、経済界も「外国人労働者」の存在を認め、その立場を積極的に日本の社会の一部として取り入れることを明言している。これにより外国人労働者、とくに南米系の「ニュー・カマー」の動向に注目が集まるとともに、製造業の企業側も自分の会社における外国人労働者の実態を、報道関係者の取材に応じる形で公表し始めた経緯があると分析できる。

そして研究者の間でも単なる「国際交流」とか「文化交流」というレベルの認識ではなく、「多文化共生」と呼ばれるレベルにおいてさらに内容

を教育や福祉の問題点などにも踏み込んだレベルで研究を進め、人々との交流を深めた角度からの用語を使うまでに至ったとみられる。

しかしながら、「多文化共生」といった概念が行政関係者や研究者の間で多く用いられるようになって以後も、日本社会は、すぐには、奥田氏の発言のように、外国人をうまく受け入れる社会にはなっていかなかったように思われる。もちろん外国人労働者を抱えている製造業を中心とした民間企業の職場という空間ではあり得たとしても、多文化を抱えた外国人の人々と互いの存在や価値を尊重しながら共生するといった考え方が出現するまでには、相当の時間がかかったと思われる。外国人登録者数などの上では、10年から20年単位で長い目でみれば毎年人数が増えており、「多文化化」しているにもかかわらず、旧態依然とした「日本人による日本人のための」社会を構築しているのではないかとみられる現状がある。[78]

前述したように、例えば、戦後の教育をみても、「日本は単一民族である」と社会科の時間でも日本の子どもたちに平然と教育し、アイヌ民族の存在を見てみぬふりをすることが当然であるかのような教育が行われてきた。仮にその存在について授業などで触れたとしても、教科書にしてほんの数行程度しか扱われず「一応、触れておく」といったレベルであった。少なくとも、小・中・高校の教科書でアイヌ民族について正確な歴史や現在の生活状況などを意識する教育は、よほど意識が高い教員でない限り、教えてこなかったといっても過言ではないだろう。確かに1997年にアイヌ文化振興法が成立し、政府や地方公共団体はアイヌ文化の振興を図るための施策を推進する責務を課したのは事実である。しかし、そうした動きとは対照的に、いつの間にか、アイヌ民族だけでなく、障がい者や被差別部落出身者のほか、性同一性障害をもつ人や同性愛者など、マイノリティの存在をなかなか認めようとしない考え方、つまり「異質」なものを排除するか、その存在を認めたがらない閉鎖的な考え方が「民主主義」の名のもとに広がってきていたといっても過言ではあるまい。そうした対応の結果、存在ばかりか差別や排除、あるいは身分のランクづけのような現象も

目に見える形では現れなかったのではないだろうか。

　私はそういったものの感じ方や考え方は、日本人特有の価値観ではないかと考える。とくに日本人の「異文化」「異質な人物」と感じる人々と自分を区別しようとする排他的なものの見方、つまりは「異文化排除の価値観」が、少なくとも戦後、都市化が進み、高度経済成長の名の下に先進国の仲間入りをしながらも、見えない感情の部分では、人々の間に広がってしまったのではないかと考える。念のためであるが、これは日本国内の特定の地域を指したり、区別や差別をするための言葉や考え方を意味したりするのでは決してなく、あくまでも内面的な、「閉鎖性、あるいは、異質なものを排除しようとする考え方」を前面に押し出した文化的側面からの定義づけであることを念のために記しておきたい。

　こうした日本人特有の「排除」の価値観は、同じ日本人でもどこの地域の出身か、どこの学校を出ているのか、など「出自」をやたらと気にする人間が増え、自分と他者を色分けするのが得意な民族となったのではないかと考えられることからもいえるのではないだろうか。例えば、地方であればなおさらのことで、山や川を隔てて西か東か、あるいは現代であればターミナル駅を隔てて北側の地域か南側の地域なのかで、同じ自治体の住所、地名であったとしても、別の地方の出身者のごとく扱う日本人が少なくない。都市部においてもどこの大学を出ているのか、どこの地域の出身なのか、などの区別意識は、場合によっては調査会社を雇ってでも調べあげ、相手の素性を知ることで、ある程度納得し、かつ、安堵の気持ちを得るという発想の仕方が、日本人の心の奥底に定着しているのではないかと考える。

　ある地方都市の行政担当者と話をしたときの経験であるが、以下のようなエピソードがある。その地域では、たいてい役所内のどこの地位についている誰が県立のA高校の出身者で、誰はB高校の出身だ、とレッテルを張って、該当者を評価している場面に遭遇した経験がある。そのようなローカルな発想は都市部ではなかなかみられないが、例えば、東京に本社

【第6章】多文化共生とは何か　129

をおく有名企業の役職者が一度、自分の故郷に帰り、初対面の人に自己紹介する際は、開口一番、自分は地元の市長と同じ県立Ａ高校の出身で何期生であるかをこと詳細に、かつ自慢げに名乗り出たりする光景に出くわしたことがある。これほど日本は限られた国土しかもたない土地柄、風土であり、小さなコミュニティの連合体であるはずであるのに、何かしら他者との違いをみつけ、自分の立場が相手よりも「上」なのか「下」なのかを気にする文化をもっているのではないかと思われる。

さらに特徴的なことは、有名企業になればなるほど、どこの県立高校を卒業して、旧帝国大学の偏差値がトップクラスの大学に入学したのかについて、社会にでて10年も20年も経過するのに、自慢げに話す人間が決して少なくないことが挙げられる。仕事ができるかどうかではなく、どこの大学を出ているか、アイデンティティを保つために自分と他人を何らかの形で区別しておき、自分が少なくとも周囲の相手よりも「優位」に立っていることを信じていたい、とする気持ちを維持しつづけている社会人が多く存在することは、同じ社会人、職業人として、ある意味では残念な考え方であり、ここでも自分自身を判断基準として「他者」や「異質な存在」を区別しようとする価値観が存在するのではないだろうか。

さらに性質が悪いことには、そういう人たちが多く存在するコミュニティでは、仕事の「出来」、「不出来」は二の次で、アイデンティティを保つ出身地や出身校などのある一定の「基準」が、仕事の内容よりも優位に立つ光景が見受けられるのである。こうした特徴は、日本人のアイデンティティを保ち、さらには、国民性を維持し続けているのかもしれないと考える。これはたぶん、もともと「アメリカンドリーム」などといって貧困生活者が苦労や努力を重ね、一代で会社を築いて成功を収めるような実力主義の社会が当然と思われる人々からみれば、極めて閉鎖的で視野が狭く、器の小さな世界で人やものをみているのか、価値観そのものを疑いたくなる現象ではないだろうか。まさに排他的な価値観のもとで「異質な」存在の排除の理論が根付いているとみられる。

そうした文化的特徴が見られるのが日本、および日本人の特徴だとすると、自分と言語や肌の色が違う外国人の存在などは、絶好の比較対象となりうるのではないだろうか。自分と同じ言語を話さない、あるいは話せない人々、同じ日本人の血を受け継いでいるらしい、と知りながら、日本で出生していない、または、一度ブラジルなど地球の裏側にある外国の出身者と結婚して、ハーフやクォーターの子どもや孫が家族にいる、などという人々の「異質性」は、大いに比較対象、場合によっては自分が優位な立場に立っていると考えたい、安堵したいと思う人間の「餌食」になりかねないであろう。

　このような日本人独特な文化的な発想こそ、排他的な価値観が影響しているものとみられる。自分とは「異質な」出自や文化を持つ人間を「排除」または、「区別」しようとしながら、自分の現在ある姿をどうにか優位に立たせよう考える、いや、「考えたい」と思う日本人ならではの排他的な思考過程が存在することが考えられる。もちろんこうした考え方は心理学や精神医学の専門家の領域からはまた別の意見も出るかもしれないし、その領域まで本論で踏み込むつもりはないが、あくまでも価値観や「気質」の問題として日本人論の領域に該当すると思われる。

　このような文化的背景のある日本人にとり、「国際交流」ならまだしも、「多文化共生」などといった考え方や言動を、21世紀が10年も過ぎ、平成の時代になってから、いまさらながら意識して用いることは、極めて難易度が高く、安易に乗り越えられることではないのではないかと考える。いや、超えるべきボーダーラインが高いからこそ、「多文化共生」について行政関係者が啓蒙活動にいそしみ、研究者が学術研究をする価値があるのではないかと考えたくなる部分もある。

　過去に遡ると、1970年代ごろから増加した帰国子女に対しては、20年以上の間にわたり「外国はがし」の考え方に代表されるような同化主義的な考え方が幅を利かせていたとされている。[79] 外国から帰ってきた日本人の子どもが、なかなか日本の普通学校になじめない、場合によっては「い

じめ」にあう、などという課題は、身近な例として存在している。必ずしも同世代の生徒同士だけではなく、自他共に「ベテラン」とされる教師までもが率先して、同じ日本人であるはずの帰国子女の同化対策に、「事実上」、精を出していたといえないだろうか。

例えば、何年も欧米に在住し、ネイティブスピーカーのごとく流暢な発音をする日本人の帰国子女を、むしろ「異質」と考えてしまうような発想をしてきたのが日本人である。帰国子女の中には日本の授業では率先して日本の学校で日本人の英語教師にしか英語の発音を習ったことがない日本人流の「下手な」発音を意識しながら、クラスの中で「仲間はずれ」にされないよう、意識的に日本人流の下手な発音をして授業に参加したという話を聞いたことがある。本論では留学生や帰国子女の問題は扱わないものの、もし帰国子女自身がそのようなレベルの神経を使わなければならないほどの、いわゆる同化主義的発想こそが日本社会の特徴であったとすれば、日本が多文化社会であるという前提で前に進むことさえ困難で、立ちはだかる障壁は厚く、数多くの問題が噴出していると推察できる。

多文化共生を定着させるためには、まずは、異なる文化をもつ集団やそれに属する人々など、マイノリティに位置する人たちが、マジョリティの集団や個人と同じような立場で、安心・安全の精神のもとでコミュニティに参加できることが前提だと考える。

ワラスによると、「移民」とは自発的に出身国を離れて、かつホスト国から自発的に受け入れられる移住者と定義され、「侵略者」や「奴隷」はもちろん、出身国を非自発的に離れて、ホスト国でも非自発的に受け入れられる移住者である「難民」とも区別される。[80]このような分類すべてを網羅する「移住者」たちは、アメリカ合衆国やカナダ、アルゼンチン、ブラジルやオーストラリアなどの新世界において、主要な役割を果たしてきているのは各地の歴史が示している。

それぞれの集団が「対等な立場」で扱われるべきだという考え方、または、政策が「多文化主義(multiculturalism)」であるとされ、アメリカや

カナダ、オーストラリアなどでは国の政策とされているが、日本では多文化主義とは正反対の立場の同化主義の発想から抜け出せないでいるのが現状ではないだろうか。[81]

「同化」については後の項目（4－1）で触れるが、「多文化共生」の概念として言い方を変えると「文化横断性（transculturality）」という言い方もできる。「自分らしさ」を保ちながら、個人同士が互いに他者の異質性や多様性を受け入れつつ関与していくやり方ということである。こうした考え方は移民国家として有名なアメリカでは以前から強調されているようだが、日本では、相手の異質性を認めながらその立場を尊重する考え方についてはまだ歩き始めたばかりだといえる。アメリカの場合は移民国家であり、多種多様な人種が集まって合衆国が意味されていることからも、相手の文化を尊重するものの考え方が日本人よりもかなり早期から備えざるを得なかったのかもしれないと考える。日本もやっと財界のトップが公言するほど外国人が多い社会となってきた現代だからこそ、違う文化の持ち主の価値観や行動様式を尊重しないと、むしろ新宿・大久保にみられるような人種差別的なヘイトスピーチの出現にみられるように、極度に保守的な思想が台頭してしまうことになる。アメリカに比べればはるかに面積が小さい国にあって多種多様な人種が生活するようになった現代日本で、国の安全を維持するためにも多文化共生のあり方を模索する意義がでてくるのだろうと考える。

例えば、外国人集住都市などでみられるように、地元自治体に居住している外国人労働者やその家族の教育や福祉、雇用の面で、行政の立場から支援をしようとする取り組みがあげられることは、少しずつ多文化共生社会の実現に一歩ずつ近づいていることがわかる。

しかし、行政の枠組みだけで「多文化共生」を唱えたところで、前述したような、人々の考え方が同化政策時代さながらに硬直化しているようでは、本当の意味での多文化社会とは言えないのではないだろうか。実際問題として、日本以外の「国家」に長らく籍を置いた経験を積んで、現在

は、日本に居住しながら労働をしたり教育を受けたりしている「住民」が目に見える形で人数が明らかに増えている限り、多文化社会であることには違いないが、心理的な側面で排他的な感情を抱き続けている状況は、決して、真の多文化社会とはいえないだろう。このような課題に立ちはだかっているのは、歴史的な背景や思想や立場、視点によって異なる把握の仕方があり、こうした問題に直面し、仮にボーダーラインが高くともそのラインを超える意志をもつことが、新しい時代を切りひらく契機となり、究極的な人類の持続可能な平和に向かった道筋になるものと考えるのである。

1-5 排外主義はどうしておきているのか

そもそも日本人の意識の中で、外国人を排除しようとする意識はどうして起きるのであろうか。昨今、日本国内では在日コリアンつまり、本論にあてはめると「オールド・カマー」に分類できる人々に対し、極めて強い嫌悪感をあらわにしている「ヘイトスピーチ」が社会問題となっている。例えば、「人種や言語、文化、宗教、社会的位置により生じる差異に否定的な位置づけを行うこと」を「レイシズム」と定義づけると、日本人はレイシズムに対して縁遠い印象があるものの、ヘイトスピーチのような差別的な言動が突然発生したと考える人は少ない。そこでまず小林真生は日本におけるレイシズムと外国人の位置づけを歴史的な特性から整理しており、それは①部落差別、②アイヌや沖縄に対する差別、③旧植民地に対する差別、④新来外国人、つまり「ニュー・カマー」に対する差別や偏見、の4種類あるとしている。[82]

例えば、①は江戸時代以前より存在した蔑視の制度化であるが、21世紀に入った今も婚姻や就職の障害となっているケースがある。例えば、2012年に『週刊朝日』が大阪市長の政治姿勢と出自を関連付けた記事を掲載し、連載の打ち切りや朝日新聞出版社社長が辞任し、編集長や副編集長が

更迭された問題が起きたが、この企画が編集段階で掲載中止にならなかった問題は、マスメディアにおいても部落差別に関して問題が継続している現状が明らかになった点を指摘し、さらに小林は、この問題を指摘したのは大阪市長本人であり、同業者（あるいは同業社）においては問題視するどころか類似の報道がなされていた点に注目している点は興味深い点である。「弱者」の立場で「人権尊重」を守るべきマスメディアが、報道対象の人権を守る精神が極端に薄弱であったことは、日本国内いたるところにも差別意識が存在し続けていることの裏づけとも認識できるのではないだろうか。

　②のアイヌの人々に対しても、1997年にアイヌ文化振興法ができるまで、土地の収奪や文化の否定、日本文化への同化を求めた北海道旧土人保護法が残存していたことも象徴的であり、さらには沖縄の人々が住む地域に日本における米軍専用施設の7割以上が集中していることも忘れてはならない問題点といえる。

　さらに③については、ヘイトスピーチに見られる誇大な偏見が見られることは明らかである。また、④については濱田国佑がかかわった国内の「ブラジル人」に対する日本人住民の全国規模による意識調査で興味深い結果がでている。[83]調査は日系ブラジル人が多く住む外国人集住都市を中心に行われており、地元の住民においては「治安問題」が多くの住民により認識され、南米からの外国人増加の賛否を4段階で質問した。その結果、「反対」あるいは「やや反対」とした回答が6割強で、「賛成」か「やや賛成」は4割弱であったということである。そして、もっとも顕著な理由は「治安・秩序が乱れる」という項目で、そのほか、「日本文化が失われる」とか「日本人の働き口が奪われる」という意識と関連性がみられたとのことである。そして年齢が高くなると南米系外国人に対する排外意識が強まり、教育年数は排外意識を弱める、つまり高学歴の層は比較的外国人住民に対して寛容であったとみられる。

　また、「オールド・カマー」への偏見および差別行動の根底には、愛国

【第6章】多文化共生とは何か

的で保守的な人々の受け皿になっているとの見方が強いが、「ニュー・カマー」に対しても愛国的な人々の排外意識が高くなっているほか、国内の政治不信が募ると排外意識が強いことがわかったという。こうした結果に接して濱田は外国人に対して向けられる差別や偏見の背後に、愛国主義的な発想や政治不信などの意識構造が存在することに注目しているが、排外主義をなくす方向を考慮する際、やがては本論の主題である「多文化共生」の構築を考える上での材料となるかもしれないと考えられる。

2 都市コミュニティから考える「多文化」

2-1 外国人集住都市にみられる排他性と寛容性

それでは、外国人集住都市において、排他性あるいは寛容性が生じるのはどのような場合なのだろうか。多文化共生研究会が群馬県大泉町と愛知県豊橋市において行った「外国人居住者との交流と意識に関する実態調査」の結果をもとに具体的で興味深い分析が濱田によってなされている。そして、本論でも取り上げている大泉町では、ブルーカラー職に就いている場合に「排他的意識」をより表明しやすいという傾向が確認された。一方、自治会活動によく参加している場合、あるいは外国人住民と挨拶以上の接触がある場合については、反対に「排他的意識」を低減する効果がみられるという。[84]

このブルーカラーやホワイトカラーといった職業による考え方の違いや学歴との相関性については濱田だけではなく、松本の研究からもみてとれる。松本は東京都の23区や多摩地域のほか名古屋周辺の各地域を対象として調査研究を実施している。[85]居住地による外国人に対する寛容度について、居住地による違いを完全に説明することはできないとしながらも、いくつかの特徴を見出している。例えば、高学歴のホワイトカラーの集住地域では外国人に対する寛容度が高く、ブルーカラー労働者と下級サービス

職の外国人が多いと見られる地域では寛容度が高かった。また、地域の大卒者比率と寛容度とが相関していることが考えられ、大卒者率の高い地域では住民の個人属性に関係なく寛容度が高い、つまりは高学歴ホワイトカラーの集住地域では、寛容な意見風土が形成されることが認められたということである。

　本書でとりあげた外国人学校を中心とした現地調査を行った大泉町は、各種メーカーなどの工場が立ち並び、労働者が多い町であり、南米系を中心とした外国人労働者が多く働き、家族とともに生活している都市である。この結果に対して濱田は、外国人住民の割合の増加という「脅威」が、特にブルーカラーの職に就いている人や低収入の人に強く働き、外国人に対する偏見や敵意を増大させることになると説明する。そして、濱田は、こうした人々が労働市場などにおいて外国人労働者と「競合」する潜在的な可能性が高く、そうした状況が外国人に対する強い排他性に結びついているのではないかと分析している。

　こうした大学卒か否か、ブルーカラーかホワイトカラーかといった区分は、その区分け自体が差別的な意識や排除につながりかねない発想かもしれないが、製造業で働く従業員が多いのが外国人集住都市の特徴でもあることから、あくまでも研究していく上での区分以上の意味はないことを確認しておきたい。

　濱田によると、大泉町などの場合は外国人に接触することが、外国人に対する偏見の低減につながっているとしている。その背景として、大泉町では1990年代初頭から、行政が外国人の受け入れ体制の整備を積極的に行ってきており、行政や日本人住民、外国人住民らによる懇談会が開催され、行政により「共生」をめざす制度的枠組みが作られたことを挙げている。

　つまり、外国人労働者に対する排他性を低減するためには、まずは住民同士が挨拶などを交わしながら、日ごろから外国人と接する時間をより長くすることであり、また、行政が積極的に懇談会などを開いて、それぞれ

の「胸の内」を明かしながら交流を重ねることが排他性の低減につながるのだと考えられる。こういった現象は、大泉町に限らず、他の外国人集住都市において、日本人住民からの偏見や脅威の感覚が抜け出せないでいるとしたら、住民同士の接触の機会が少ないのではないかと推察できる。その克服のために行政が音頭をとり、行政みずからが外国人に対する排他性を取り除き、寛容性を推進する姿を住民にみせることが、排他性の低減につながるのではないだろうか。

　このことは本書で外国人学校を中心とした現地調査を行い、先進事例として位置づけている浜松市においても、住民サービス窓口における外国語表示の推進や南米系外国人に対する日本語教育を推進して、外国人の子どもたちが日本の生活になじみやすいようにしていること、あるいは、不就学の児童をゼロに近づける施策を行い、また、予算の面でも各種学校や準学校法人化した外国人学校を中心に補助金を支出していることなどは、市を挙げて排他性を取り除く試みの効果が表れているのではないかと考えられる。

　実際、濱田の研究においても豊橋市については大泉町ほど「排他的意識」は顕著ではなかったとされる。大泉町と異なり、外国人住民が特定の地域の公営住宅に集住する傾向や市外に通勤している生活形態などが考えられるということである。ただ、こうした地域は他の外国人集住都市においても、実際、集住都市という割には、外国人住民の割合がそう高くはない地域も決して少なくないため、大泉町のような外国人集住都市ならではの実態は今後、すべての外国人が移り住む街における課題になってくると推察でき、その際、住民同士の挨拶など接触度合いを高めたり、行政が積極的に外国人施策を推進したりすることが「排他性」の低減に効果があるものと考えられる。

2-2 「多文化」の実現はシナジーを生み出す

　多文化共生を一つの国として考えることは、アメリカのような他民族国家がひとつの国家として統一されていることと関係があるとみられる。確かに同じ文化の人だけが同じ価値観に基づき、同じやり方で協働すれば、短期的な効率は高いかもしれないが、壁にぶつかったときはもろさがでてくるものである。一方、異文化の人が集まって協働するときはコンフリクト（葛藤や対立）が生まれることがあり、短期的な効率性は落ちるかもしれないが、このコンフリクトを乗り越えるために新たなアイデアを創出する力が備わり、長期的にはプラスの効果を生み出す可能性が高まるとみられている。

　前述したように、日本の地域社会はもとより、企業文化においても異質な人物を排除する考えは、例えば、日本の高度経済成長時代だったならば、売り上げ目標など一つの方向に向かい、組織の構成員が全力疾走するだけで右肩あがりの業績が伸ばせ、全体の仕事の効率が上昇した時代だったならば同じ状況下においては、異質な存在をあえて無視するほうがいいかもしれない。しかし、昨今の日本経済のように、努力しても報われない経済状況で、正規社員と非正規社員の格差社会が固定化しており、その現状について打破することが労働者すべての至上命題となっている時代には、同じカラーの持ち主だけで固めた組織はきわめて軟弱であることが、昨今の日本経済をみていてもわかる。

　同族経営とまではいかないまでも、老舗としての看板、ブランドだけを頼りに、過去の偉大な経営者や専門化集団が築き上げてきたレールに乗って生活できた時代とはかけ離れているのが現代社会である。つまり「平常時」ならばレールの上を走っていればそれでよかったかもしれないが、2008年のリーマンショック以後、そのような昔の夢物語のような過去の常識はもはや通用しなくなっているのは、日本人の誰もが気づき始めているのである。厚い壁を壊して新たな社会常識が必要とされ、いわば「臨戦

態勢」で対応しなければならない時代にあっては、異質な文化を取り入れて、ブランド品種ではなく雑草的な、どんな環境にも耐えうる確固たる文化や組織が必要なのである。例えば医療や健康の分野にあてはめると、無菌状態で純粋培養されている食品などは、確かにすぐに食べれば安全かもしれないが、あらゆる有害菌からの免疫を備えた食材は、最終的にはそれを食べる人間にも抵抗力をつける食品となりうる、まさに「鬼に金棒」の状態になるはずではないだろうか。

そういった観点から多文化の感覚は、「単一民族」といった言葉に象徴される概念とは対照的な言葉となりうると考えられるが、多種多様な価値観を取り入れることで、取り入れる日本人の側もシナジー効果を最大限に生かし、グローバル化とか国際化といわれる時代を乗り越える力が結集するのではないだろうか。そのためにも、詳細は別項に譲るが、多文化の刺激を与える外国人の子どもたちの教育を充実させることが、さらにこのシナジー効果を発揮するのではないかと考えられるのである。

2-3 多文化共生の概念に向けた都市コミュニティ論的考察

多文化共生を実現するため、外国人集住都市における子どもの教育をめぐって発生している問題や課題に加え、保護者らの今後の家族の生き方についての考え方については、インタビュー調査を交えながら別項で示したとおりである。ところで、多文化共生都市をめざす地域にはもともと住んでいる日本人住民と前述したような1990年の入管法改正以後、日本に移住してきたニュー・カマーの人々との関わりについて、広田康生の都市コミュニティ論的な考察から現実的な課題を考えていきたい。

広田はまず、ニュー・カマーのような外国人労働者について「越境移動してきてくる人々」と位置づけた上で、さらにもともとその地域に住んでいる日本人についても、彼らニュー・カマーの人々の存在により物理的、心理的な影響を受けるはずであるという見方をしている。[87] 広田は彼らを

「共振者たち」と呼んでいるが、本論でも取り上げているような外国人学校を取り上げれば、ニュー・カマーの子どもたちを受け入れる学校側の日本人教員やスタッフ、地元市役所の国際課や教育委員会の自治体関係者、そして行政や外国人労働者とその家族を結び付ける接着剤としての役割をもつ、ボランティア団体やNPOの関係者も含まれるのではないかと理解できる。

外国人労働者たちは研究者の間では日本社会の異質排除的性格や、わが国の社会なりの多文化主義の方向性と関連づけて研究がなされている。本論においては前項において、「日本人特有の異質な文化を排除しようとする価値観」と定義づけた理論についてもこれに通じる部分があると思われる。しかし、ここでみている都市コミュニティ論的な考察からすると、彼ら外国人労働者が特定の「場所」を起点に形成するネットワークに注目しながら、外国人の「個人」としての「生き方」をみていくと、当該「地域」の新たな意味づけの中で、相互の「異質性」を認識しつつ、いかに互いの絆を形成し、さまざまな制度的な拘束を乗り越えて「個の可能性」を切りひらくかというテーマが提起されていることを広田は指摘している。

なるほど、例えば、外国人労働者の側も南米系日系人としての血統は維持しながらも、母国のブラジルやペルーにおいて、ある就業年齢に達するまでに形成された人格、つまりは人生観や生活・行動様式をベースに生きてきたはずである。しかし、彼らが日本に来た時点から、あくまでも国家を前提とはしているものの、日本人とは「異質な」存在であることを認識しつつ、日本にやってきているブラジル人同士、または、そこではぐくまれる日本人との関係性を保ちながら、もし、ブラジルにそのままいたら築くことができなかったはずのアイデンティティを模索しつつ、つまりは「個の可能性」を切りひらく作業を開始するといえるのではないだろうか。

もちろん、生活者としての彼らを取り巻く環境は決してたやすいものではないだろう。一度入国すれば「異質な」「外国人労働者」として「受容と排除の構造」の中で生活していくことが事実上、余儀なくされるのであ

る。

　しかし、彼らは彼らなりにこの「受容と排除の構造」をそのまま甘受したわけではないというのが、広田の見方である。自らの生活を維持するため、そして、そのビジネスチャンスを実現させるため、彼らにとってのマイナス条件を潜り抜け、さまざまな生き残りの工夫をしながら人間的なつながりを形成しはじめるのである。

　例えば、国際交流のレベルではあるかもしれないが、日本国内の地元においては、彼らが住む県営や市営団地で行われる夏祭りなどに参加し、母国のブラジルやペルーの料理を紹介しながら、日本人住民と交流することができるかもしれない。それを機に、日本人の自治会関係者などと友好的なコミュニケーションの場面を形成することができ、場合によってはゴミ出しルールなど日常生活上の日本のしきたりの伝授を受け、トラブルを起こさないよう防御策を自ずと講ずることができるかもしれない。

　また、一方では外国人同士のコミュニティに参加することにより、日本国内における各産業の経済情勢や求人情報など、人の動きに関する情報交換をすることにより、知らない土地においてうまく生きながらえる術を得ることができているとも考えられる。こうした意味からも、そのまま母国にいたときのことを思えば、単に物理的に国境を越えてきたというだけではない。人生そのものの軌道修正を迫られているのが彼ら外国人労働者の特徴ではあるが、運命的に自らの生活の場として選んだ日本の北関東や東海地域のコミュニティに軸足を置きながら、「個の可能性」を切りひらいているのが、彼らニュー・カマーの現状であるといえる。

　そして「個の可能性」を切りひらくために必要なのが、広田の言う「越境者＝エスニシティ」とその「共振者たち」の形成する「エスニック・ネットワーク」である。それを土台として「異質共存的性格」を表しているのである。具体例には、前述したことも含まれるが、第一に、都市、とくに外国人集住都市において、無数に張り巡らされた彼ら自身が生活している企業や住居などの「施設」や人、そして日本の公的な施設を「結び

目」として、インフォーマルな人と人とのつながりや「社会的世界」が形成されているさまざまなネットワークの「結び目」と重なるので、あるとき自然と彼ら外国人労働者のものとなっているのである。

また、第二に、そのネットワークは必ずしも民族的、階層的に閉鎖的なものではないということが言える。彼らの生き方に「共振する人々」がその構成主体になるために、広田はレストラン経営者や中小商工業主とその従業員、教員や自治体関係者をその構成主体としてあげている。実際、外国人集住都市においては自動車や楽器メーカーで彼ら外国人労働者の雇用や存在そのものに理解を示している企業幹部や同僚としての日本人従業員、それに日本語の学習や補習を行う公立小・中・高校における校長や日本語教師、それにブラジル人学校などの外国人学校の教師やスタッフ、それに財政面、施設面などから支援する行政関係者の存在が考えられる。

もちろん第三の特徴として考えられる「きわめてパーソナルでインフォーマルな人間関係」のネットワークで本来、公的な機関がなさなければならないはずの多様な要求が考えられる。この理論をもとに考えられるのは、例えば外国人労働者の間のいわゆる「口コミ」情報が挙げられる。昨今では行政のハローワークにおいても、外国人労働者のためにポルトガル語やスペイン語で案内板を表記したり、実際、母国語が堪能な窓口係員が対応したりしている都市も出てきてはいる。しかし、実際の求人情報や職場環境の情報などは、同じ国から来ている人同士の情報交換によるものが多い。

例えば、2008年のリーマンショック以後、日本の景気にも陰りが見え始め、自動車産業も一時不況に見舞われた時期があった。そうした場合、彼ら外国人労働者の中では、このまま日本にとどまるか、母国に帰国するかの選択に迫られた人が少なくない。その判断基準をめぐっては、行政機関からの情報よりも、彼ら同じ国出身者同士の情報によるところがはるかに大きなウエイトを占めたのではないか。実際、国内にとどまる判断をした外国人労働者でも、自動車産業の景気が低迷し、他の産業の職を探した

際、同じ国内でも別の地域の食品メーカーに国内移動したのも、仮に、一次情報がハローワークなどの公的機関からのものだったにしても、彼らの判断基準はあくまでも同じ国出身者同士のネットワークによるものだったのではないかとみられる。本書で取り上げた兵庫県宝塚市では、食品メーカーを中心に外国人労働者を雇用している実態があり、宝塚市は現在のところ外国人集住都市会議には参加していない。むしろ外国人労働者自身が独自のネットワークを利用しながら、リーマンショック後に景気が低迷した自動車産業などから食品メーカーへと国内移動していったのではないかと見られる。

第四の特徴としては、事業や生活機会の拡大について、制度や与えられた条件や状況のわずかな隙間を狙って、あるいは、ほかの機会を利用しながら事業の機会や生活機会の拡大を図ろうとする動きがあることは、外国人集住都市を見れば一目瞭然である。都市の中で外国人労働者向けの母国の食料品を販売する店やレストランを経営する人がかならずそのコミュニティの中で現れるのは、その例として挙げられるのではないだろうか。

異質性を認識するにあたって、特に本論の主旨と合致するものとして挙げられるのが日本語習得の問題である。外国人の児童や生徒が学校現場に参入してくることにより、学校は教育機関としての側面に加え、まさに多様な背景をもつ人々の出会いの場であり、日常と非日常とが交錯する場としての側面が注目されている。この前提として外国人労働者の子どもたちの日本語習得の問題や異文化体験の問題、それに子どもたちが成長期でもあることから自我形成の問題といった適応期に生じる課題から、関係者の自己の相対化の問題、あるいは学校そのものの役割を考え直すべき問題などさまざまな問題が生じているのである。

とくに外国人労働者の子どもを受け入れる学校という空間は、例えば、公立校を前提と考えた場合、単に教科の学習やスポーツを教える「学びの場」ではないのである。そこでは日本人の子どもと外国人の子どもたちがまさに多文化共生の空間を作りあげている。本論の立場もそうだが、単に

行政のレベルで多文化都市を作り上げるのが多文化共生であるわけではなく、このように、何かのきっかけでたまたま居合わせることとなった学校現場において、もともと居住地の事情からその学校に入学してきた日本人児童・生徒と、途中から親の都合により日本で暮らすことになった外国人の子どもたちが、それぞれの立場を守りながらも自己のおかれた立場を相対化し、自らの生き方を否応なく比較せざるを得ない状況に直面しているのである。外国人の子どもたちやそれを取り巻く日本人の児童・生徒たちも、外国人とそれに「共振する人々」とのネットワークづくりに自ずと参画しているといえよう。

　同時に彼ら関係者はみな相互の異質性を前提に、相互の共同の絆を形成しうる現実を提起している。そしてこれらを考えるにあたっては、結局のところ、「生き方」や「個としてのあり方」の問題に帰着せざるを得なくなり、限られた人との問題では決してなく、国境を越えてやってきた現代の移民でもある外国人労働者と彼らを取り巻く「共振者たち」の問題一般ととらえることが必要になってくるといえる。

　さらに別の見方として広田は、「トランスナショナル・コミュニティ」の編成原理と名づけた視野を検討している。[88]日本に移り住む外国人住民たちは、例えば、群馬県大泉町にみられるように、一地方都市が多文化化、多民族化の進行の中で、「場所」の獲得競争のなかでも「領域化」と重なり合って進行しているとみられている。そこでは、「居住の近接性に基づかない」集散が繰り返され、そこにある種の「社会的凝集」が成立し、必ずしも定住者がいなくても一種の社会的集合が成立している。

　これについては、本論でも取り上げた浜松市の外国人学校が当初、各種学校の認可を取得した際の状況が想定できる。日本国内の南米系外国人学校が各種学校や準学校法人として認可されにくい状況の一つとして、在籍している子どもの人数が一定していないことが挙げられる。浜松市の例ではこの条件をクリアしたわけだが、実際は本国に帰国する家族が多い中で、転校や転出を繰り返している子どもが多い場合は、認可する行政側も

【第6章】多文化共生とは何か　145

在籍者数が一定でないという不安要因からなかなか認可対象にならないという状況が生まれる。むしろ、「トランスナショナル」としての外国人は単に本国と日本の間を行き来するだけではなく、日本国内においても職を求めて移動し続けている傾向が続いている。

　本論で扱った兵庫県宝塚市の例では、市内にある食品メーカーの工場で南米系外国人が就労している実態があるが、彼らの場合は当初、日本に来た直後の仕事は場合によっては自動車や電機など別の製造業の職場に従事していたことが十分推察できる。年を追うごとに日本人のコミュニティに外国人労働者が移り住み、例外こそあるものの、一軒家には古くからの日本人が住み、住宅街の木造アパートに外国人が多く住む光景がいつのまにか広がっていったというのが当該地域の実情のようである。

　広田の言うように「下からの」制度形成過程は、どのような制度やコミュニティや社会的集合が形成されていくかを見守る必要があるといえる。

2-4　都市エスニシティの観点からの共生

　エスニシティというのはもともと、国民国家のメイン・グループとは相違する民族や人種、少数派グループ、つまりエスニック・マイノリティと彼らの商慣行・伝統に帰属する諸属性を指す言葉であったというのは、「都市エスニシティの社会学」を唱える奥田道大である。国民国家の枠組みやメイン・グループの地位が大きく揺らぐなかで、メイン・グループとマイノリティの境界線や位置づけが、例えば、超巨大都市地域ではあいまいなものになっているということである。[89]

　この定義に従って現代の外国人の状況をまず考えると、例えば、東京都新宿区などをみると、JR新大久保駅周辺は韓国の人達の居住地域でも商業地域でもあり、いわゆる「韓流ブーム」の拠点と位置づけられている。一方、新宿区全体を見渡せば、大久保に隣接する高田馬場・早稲田地域に

はインド大使官邸もあり、インド料理の店が乱立し、中国や韓国系の人々など雑多なイメージがある多文化都市を形成しており、なるほど、東京の副都心である超巨大都市の新宿区からすれば、日本人のメイン・グループとマイノリティの境界線の位置づけがあいまいになっている印象が強い。

しかし、本論のテーマでもある南米系外国人が多く住む外国人集住都市をみると、南米系のブラジルやペルーの日系人と本来のメイン・グループである日本人が混在しているようにはみえるものの、実態としては低収入の外国人労働者は県営住宅や市営住宅、その付近に住む傾向が強く、JR駅前の超高層マンションや市内の高級住宅街とされる地域では彼らの住まいは見受けられない。

実際、よく地方都市でみられることだが、JR駅の北側は比較的百貨店など繁華街と高級住宅街が立ち並び土地の価格が高い反面、駅の南側は道路などが整備されず、場合によっては区画整理の途上である現象が存在する。地元の人は「駅南」という言葉を駅の北側地域に比べてなかなか発展してない地域か、これから再開発にかかる地域の代名詞のように使っている自治体も見受けられる。彼ら外国人労働者は、地方都市においてはどちらかというと「駅南」の地域かその周辺に住居を構えており、地元の人なら誰でも知っているような「見えない境界線」が引かれていることが少なくない。

奥田の言うエスニシティは東京・新宿のような巨大都市には該当するかもしれないが、現実問題として、とくに経済面からの格差が生じている南米系の外国人労働者が多く住む地域にはあてはまらないかもしれない。

一方、奥田は「共生と多様性」の問題として、「さまざまな意味での異質・多様性を認め合う「異質」への許容度の幅が都市社会型社会に生きる人々の共生の作法をなす」とし、さらに「共生の作法は人々のディセンシィあるパーソナリティとして資質化される」と定義づけている。「ディセンシィ（decency）」とは①親切な②寛大な③感じのいい、などを含意した用語であり、地域生活の現実にあっては、「微妙な間合いと境目をた

【第6章】多文化共生とは何か

どる住み合いを持続させる中で、共生へとふかめていくことになる」としている。奥田はニューヨーク近郊の台湾系新移住者の地域を例に挙げており、多民族国家としてのアメリカの実例を日本にあてはめることは無理な部分もあるとは思うが、これを仮に「共生」の定義とするならば、日本の外国人集住都市においては、ひとまずその定義づけをクリアしているのではないかと考える。

しかし、現実には別項で述べるような教育問題などが浮上している中で、単に「ディセンシィ」の意味合いから多文化共生を語るには、場合によってはうかがい知ることができる外国人集住都市の現状からはかけ離れた印象が否定できない。エスニック・マイノリティがすでに日本人の学校や職場などの生活圏に入り込み、共に生活する存在、つまりは「生活者」としての外国人である限りは、日本人と外国人の双方がさらにそれぞれのカテゴリーに入り込みながら「共に生きる」考えは出現しないものなのだろうかと考える。

少なくとも人生の節目において、奥田の言うように属性原理としてのエスニシティゆえにその人が不等な差別を受けたと自覚した際、その社会のインテグレーションは未成熟だと判断されると思われる。学校における「いじめ」の定義のように、いじめを受けたと被害者が感じたら、相手がどのように言い訳しようとも「いじめ」とされるのと同じである。マイノリティとしての外国人がいつまでも「マイノリティ」の感覚をもたずにすむ社会が、日本の現代社会に求められているのではないだろうか。

3　教育現場の「多文化共生」

3-1　教育現場からの「多文化」概念と政府の立場

多文化共生社会を外国人学校の立場からはどうみているのか。第3章で取り上げた浜松市の外国人学校「ムンド・デ・アレグリア」校長の松本雅

美は、日本の現状について「一口に多文化と言っても、お互いが苦労と我慢を重ねなければならないことがたくさんある。しかも、多文化重視なのか、あるいは同化か統合なのか、明確なビジョンが日本に見えないように思える」と政府による移民政策の必要性を述べている。「彼ら『外国人流』を中心にすえてしまうと、日本の目指すべき方向にブレが生じてしまう」とされ、「こんな社会にはしたくない」「こんな社会になってほしい」と想像力があれば、日本がいま、何をしなければいけないかわかってくるというのは理解できる。

そして、現代社会では「共生」の二文字がよく聞かれるようになったけれども、本当の意味で「共生」を実現するために何をしなければならないかを、どれだけの人が意識しているか、「それらが一つにまとまればもっと多くの効果が生まれるだろう」という松本の指摘は現場ならではの声として重視すべきであろう。確かに、外国人集住都市の中でも都市部を中心にＮＰＯ法人などが率先して多文化共生に向けた活動を行っている。ただ、いくつかの活動を見る限りは行政の国際、教育部門を中心とした一部の職員やＮＰＯの関係者だけが汗を流しており、無関係の市民はその人たちに任せきりというのが実情ではないだろうか。松本の指摘のように、すべての政府関係者が中央省庁などの垣根を越えて、また、国民一人ひとりも「わが事」として認識しはじめてこそ、共生社会実現にむけての一歩とも思われる。

もちろん、無関心な国民ばかりではない。池上の1990年代後半における浜松市における研究調査によると、日本語のボランティアがブラジル人の代弁者として貴重な役割を担っていることが示されている。日本語ボランティアの中にもブラジル人社会と日本人社会の中間に立ち、行政の支援を受けながら相互の文化を双方向に伝えるための媒介者としての役割を果たしてきた事実がある。しかし、同じ調査研究の中ではブラジル人たちの日本の行政に対する不満の声が募っていることも挙げられている。日本へやってきて行政機関でポルトガル語の表記があるのには感動したが、「結

局は日本人に迷惑をかけないでほしいからとりあえずの対応をしているのではないか」という不満の声である。何か解決しなければならない問題が生じた際に、行政にばかり頼るのも問題ではあるが、この調査の時点で「日本の社会は、少なくとも外国人を受け入れるということにおいて、その段階にあるとは考えられない」と結論づけられている。調査から15年以上が経過した現在においても、基本的には同じような状況が続いているのではないかと考えられる。池上の言うように、日常的にブラジル人と接している日本人の声にも外国人の声にもあらゆる立場の当事者に耳を傾けることが大事だといえよう。

3-2 子どもの教育における共生感覚

本論で外国人集住都市における子どもの教育問題を論じるにあたり、多文化共生の定義づけもさることながら、そもそも「外国人（ガイコクジン）」という言葉を安易に使うこと自体、抵抗感があるというのが実感である。こうした感じ方について宮島喬は、「共に生きる」可能性を考える趣旨をうたいながら、「外国人」というカテゴリーを導入し議論するのは区別の思考ではないか、という感覚は健全であると述べている。[92]これについて宮島はあえてこの言葉を使うべきであることを論じている。

まず、日本人であるか否かより当該個人にかなりシステマティックな差別が現実に合法的に行われているのがその理由として挙げられる。1990年代前半に問題になったことであるが、韓国人女性が日本の大学に留学して介護福祉士の資格を取り、東京都内のある施設に就職しようとした際、入国管理局から在留資格変更不許可の通知を受け、就職できなかったことが問題になった。少なくとも当時の入管法では「医療」という在留資格に介護福祉士を含めていなかったことが問題だった。

このような実情に対して、日系ブラジル人などのニュー・カマーについて宮島は、「差別」というよりも「ハンディキャップ」という言葉で述べ

た方がよい問題があると指摘している。その理由として本書でも挙げているように、南米系外国人の子どもたちが現在おかれている状況が指摘されている。例えば、アルファベットの世界からいきなり漢字世界へ投げ込まれたブラジル人の子どもがいたとすると、彼は日本語の教室やポルトガル語が使える言語指導員がいなければとっくに学習に挫折していたはずである。こうした外国人の子どもの陥りやすい不就学問題については、外国人集住都市であれば外国人住民の施策の一貫として重点項目に挙げて実績を残している自治体も少なくない。前述した区分けによれば、確かに公立小中高校に通っている子どもが、日本語を理解できないという現象は、もともといた日本人や日本人の教師が母国語である日本語を使うことにより、外国人の子どもを差別しているわけではなく、外国人の子どもの側がもつハンディキャップと表現したほうが実情に合っているかもしれない。社会学の分野であれば「文化資本」または「言語資本」における不利と分析されるとのことだが、「ハンディキャップ」である限りは一定の援助や支援が必要であることは自明の理であろう。

1990年に入管法が改正されて以来、南米系の外国人労働者が増え、製造業が盛んな自治体はその対策として、例えば、外国人学校の各種学校や学校法人化に取り組むなどの先行事例を出してきたのが、主な行政施策の先行事例として挙げられる。しかし、これらの大半が都道府県や市町村レベルの動きであり、政府からはそのような理念や施策の具体策は示されないのが現実である。少なくとも中央省庁の関係者の言い分としては、公立小中学校の場合は、地元の市町村の教育委員会の管轄であり、また、広義の専門学校などの認可については都道府県の管轄であることが大義名分であることが、これまでの外国人学校の許認可の経緯などからみてとれる。

これに対して宮島は狭い法治主義に代わる、ないしはそれを是正・補完する「人道主義的」な原則の規範化を挙げている。人道主義的というのは、単に無原則に感情や同情心に従うのではなく、ヨーロッパ人ならば「自然法」的と呼ぶような、法を越える、または補うものとして確立

されている普遍的な規範に従うことである。生命や健康の維持、奴隷的労働の拒否、思想・信条・良心の保持、子どもの権利や教育を受ける権利など、世界人権宣言や国際人権規約にうたわれていることである。それどころか、世界レベルの人権法規を持ち出すまでもなく、教育を受ける権利や基本的人権の尊重は日本国憲法にのっている。こうした人道主義的な視点で多文化共生を推進することは、例えば教育の分野において、言葉や教育を受ける場面において「ハンディキャップ」のある外国人労働者やその子どもたちを守ることにつながり、これは政府や中央省庁、あるいは、地方自治体の枠組みを離れても遂行すべき日本の国の姿ではないかと考えられる。別項で紹介するような、日本語推進のための施策は教育の一部の分野で中央省庁も関与してはいるが、文部科学や法務、厚生労働、外務などといった中央省庁の縦割り組織にのっとり、「事なかれ主義」による事実上の責任のなすり合いや見てみぬふりが行われているとしたら、改めるべき課題といえよう。

　こうした課題解決のためには、別項において、2000年代に入り、日本の財界関係者が少子高齢化時代に入った日本の将来像を見据え、外国人労働者の必要性を公言したことを挙げたが、このような外からの人の受け入れが不可避となることは、宮島を始め、多文化共生の専門家からも指摘されることである。そして宮島も指摘するように、日本社会が従来ほとんど自明視してきた「単一性」なるものに目を凝らし、過去から今日まで続く複数性を受け入れることや、それがいま起こっている多文化共生を私たちが受け入れる条件になるのではないか。つまり、「日本人」と一口に言われてきた存在が今、多くの「バリエーション」を持ち始めていることを自覚すべきで、「多文化許容の風土」を育む観点が重要な時代になっていることを強調しておきたい。

　ただし、現実問題としてはきれいごとではすまされないとみられる。本論の主題でもある多文化共生の課題であるが、「多文化」とか「共生」という言葉が好んで使われ、自治体などの施策のスローガンに用いられてい

ることが見受けられる。どれだけの政治家や行政関係者などが「多文化共生」の定義づけをきちんとした上で発しているかにも疑問が残るが、少なくとも、「多文化」とか「共生」といった言葉をあえて使わなければならないこと自体、外国人をいまだに「マイノリティ」、つまりは「日本人ではない」ととらえている日本という政府や人々の間に根付いていることが挙げられる。その対策としては、外国人について生活の場を異なる「文化出身者」とした上で、彼らと共有しているのだという意識や配慮をもつことが重要だと思われる。

　少なくとも外国人労働者の子どもが日本語に不自由している場面について「日本の学校にいる以上、日本語ができなくては、覚えてもらわなくてはならない」という上からの視点ではなく、例えば政府の施策の中で、一部の教育施策として別項のように日本語教育の推進が行われているように、あくまでも外国人労働者やその子どもであっても、日本の社会で生活する限りは「生活者」としての視点を忘れないようにするべきである。しかも、援助したり支援、応援したりすることはとても大事であるが、彼ら外国人、つまりはマイノリティについて「助けてあげる」存在という見方がなくならない限りは、真の意味での多文化共生はありえないと考える。

3-3　多文化の教育現場にみる排除とその予防法

　前項では排除や差別にもなることを論じたが、本項では、現実問題として生じている教育現場にみられる排除の実態を、能勢桂介の実地調査に基づく理論を中心に考察していきたい。本論においては、外国人集住都市としての先進事例をつくり、外国人学校における教育や公教育での外国人子弟に対する日本語などの補習授業を行っている現状について、参与観察やインタビューを交えて論じた。また、兵庫県宝塚市で発生した事件については、まさに外国人労働者の複雑な家族構成が端緒となり起きた不幸な事件だったといえる。一方、能勢の参与観察は中部地方を拠点としているも

のの、中国やフィリピンなどアジア地域からの移住者が含まれていることが推察でき、必ずしも本論で取り上げる南米系日系人とは、背景となる文化的な事情が同じとは言い切れないだろう。しかし、能勢の若者の排除研究において、子どもが中卒や高校中退に陥りやすいのは経済的困難など家庭の事情に起因することに注目しているのは興味深い点である。[94]

能勢によると移民の家族は①IT技術者など階級的に高く人的資本も豊富だとみなせる高度人材の家族、②請負や派遣を典型とする非正規労働に就労することが多く貧困に陥りやすい南米系日系人と中国帰国者の両親とも移民の家族、③日本人夫とアジア系妻の家族、の３つに分類でき、②と③は外国出身ということだけでなく、経済的な側面や家族構成などからも排除されるリスクが高いとされる。本論でも取り上げた宝塚市の例でも、親が近隣の食品メーカーに勤める南米系日系人の家族であり、決して経済的な余裕があったとはみられない実情が伴っていた。

一方、本書で取り上げた浜松市の外国人学校での課題は、日系ブラジル人やペルー人の子どもたちが、家族によっては高校卒業年齢をむかえ、そのまま地元の大学や専門学校や大学に進むことを視野に入れての進路指導を受けていることである。必ずしも、外国人集住都市における外国人労働者の子どもたちが、途中で学校教育からドロップアウトし、社会的な排除を受けているとは限らないのだ。しかし、浜松市でもこれまで行政などが中心となって不就学児童や生徒の撲滅を積極的に目指してきた結果、不就学の子どもがゼロに近づいたという成果がみられる経緯があり、また、それほどの先進的な取り組みがすべての外国人集住都市で達成できているとは考えがたい。よって、能勢の研究からみてとれるように、外国人として日本社会で生活している限りは、何らかのハンディキャップを背負ったマイノリティとしての立場でいることには違いないだろう。外国人として日本で生活している若者にとり、家族のサポートが欠如し、低学歴や非正規労働であるという重層化したハンディは、差別の中で生活をすることになり、高いハードルとなっているのが現実である。

そうした彼らの置かれた現実を解決するための対策として能勢は、①教育費の公的負担や若年者向けの福祉やキャリア教育を行うことにより、家族が機能しなくても教育の機会を与える、②学歴コースから外れた場合、雇用や福祉、教育が連携して再教育を受ける機会を作る、③日本語教育、出自に対してエンパワメントし、それをいかせる教育の実施、などを挙げているが、1990年の入管法改正以降、それだけの解決策を講じている地域はまだ存在しないのではないか。自治体によっては不就学をなくす取り組みがやっと芽を出し始めている段階であり、学校教育（小学校から高等学校課程）を終了した後の道筋を視野に入れた対策というのはまだ、現実味を帯びていないのが実情ではないだろうか。しかし、多文化共生実現に向けた先進的な地域とみなされる自治体でもまもなく、このようなテーマを解決しなければならない喫緊の課題であることはいうまでもない。すぐに新たな排除の問題が迫っていることを忘れてはならないだろう。

　このような日系ブラジル人が住む外国人集住都市における教育のあり方は、子どもが親に付き添われて移動し続けているか、または、事実上、日本に定住するかのどちらかであることが考えられる。教育現場や家庭において、日本に移住したことがきっかけで事件やトラブルが発生することは、日本の行政や住民とて残念なことである。そこで、教育現場におけるリスク回避の方法として樋口は、①日本に残る、ブラジルに帰国する、両国を行き来するといった選択肢にかかわらず、最低限の教育効果を保障する、②親子間での文化ギャップが生じないような文化保障を行う、の２点を挙げている。[95] そして、これらの課題を満たすためには単に日本語教育の充実だけでは不十分であると断じている。日本語教育は日本にずっと住む子ども以外には効果がなく、親子間のギャップを助長しかねない。それを克服するためには、バイリンガル教育が望ましいとしている。そのためには母語教育を権利として保障することが前提となり、これはコミュニティ強化のために不可欠な条件とされる。また、母語教育を保障する以上は入試においても日本語による理解力ではなく、母語による学力をみる必要が

あり、単に試験時間の延長だけでなく、母語による試験も課すべきであるという意見が出されている。

現在の国内における外国人集住都市を見る限りは、一部の外国人学校では母語教育に加えて学校の方針として日本語教育にも力を入れていることは別項で述べた通りである。実際、ポルトガル語などのネイティブ教員を配置できる外国人学校では可能かもしれないが、これを公立の小中高校で行うことはとても無理が生じるのではないだろうか。公立学校において母語教育をするとしても、教員は臨時職になるものとみられ、充実した教育は望めないであろう。現在は保護者の教育方針に則り、将来的には母国に帰国する確率が高い場合は、ブラジル本国のカリキュラムによる割合が大きいブラジル人学校などの外国人学校へ通学させ、日本への滞在の可能性が高い場合は、公立校に通わせる保護者が多いものと推察できる。

外国人学校と公立校の両方で日本語教育と母国語教育を充実させるのは、予算措置などの面で乗り越えなければならないハードルが多いとみられる。現実問題としては保護者や子ども本人の意向を踏まえ、近い将来、日本で高等教育を受けるのかどうかも勘案しながら当事者の希望を尊重するとともに、態勢については外国人学校と公立校における日本語教育や母語教育システムの併存が好ましいのではないかと考えられる。

4 「共生」理論の別の側面

4-1 「共生」と「同化」の違い

かつて、日本は東アジアの国々に進出し、日本の文化に地元の国民を組み入れる同化政策をとり、現在に至ってもその行為は世界的に非難の的となっている。場合によっては日本の政府要人の歴史認識をめぐって中国や韓国から反発の声が上がることも少なくない。そのことが日中や日韓関係の政治課題の進捗に影響を与えることがしばしばである。しかし、本論

を進めるにあたっては、多文化共生の意識と同化政策はまったく別物であることを改めて認識しておきたい。少なくとも「同化」については、学問上において他の状況と区別するための用語であることを前提に論を進めたい。

水上によると、エスニック集団やその集団に属する個人のホスト社会へのセツルメント形態やその特徴を説明するために、20世紀前半から半世紀以上にわたり、北アメリカにおいて同化の概念が主な役割を果たしてきたということである。[96]同化の理論というのは、主にホスト社会とは異なる文化規範やアイデンティティを形成している移民としての新参者であるエスニック個人や集団あるいはその子孫、場合によってはマイノリティ集団となった先住民族がホスト社会の規範を修得するなど、変容する過程が分析対象となる。そして、やはり水上による理論ではあるが、同化の究極のゴールと考えられてきたのは、移民である新参者がホスト社会の主要構成員と区別不可能になるまで自らの文化変容を遂げることであったということである。これについては、現代日本の外国人集住都市における南米系日系人との共生を「同化」と呼ぶには程遠い現実があることがわかり、同化という言葉は本論が多文化共生について語る場合についてはイコールである内容にはあてはまらないと考える。

確かに、日本の古来の文化と日本人1世を祖先にもつ日系人といえども、一度でもブラジルやペルーで生活した経験をもつ人、あるいは、現地の人を配偶者とした経験がある人は、厳然たる文化的背景の違いがあることがわかる。具体的には言語はもちろんのこと、生活様式や教育や福祉、仕事に関する価値観についても違うといってよいだろう。

しかしながら、仮に水上の指摘するように社会学的な意味で考察されてきた「同化」が進むべき条件として、マイノリティ社会にとってホスト社会への同化推進のためには、受け入れ社会の全面的な受容が必要であり、差別や偏見が存在していては同化の進展自体が妨げられるという前提が存在したとしても、現代社会における外国人集住都市の実態は同化とはかけ

離れたものであると考えられる。
　実際、日本人の住民が南米系日系外国人に対して、偏見や差別の感情をもったり、実際に差別行動をしたりしている現象は基本的には見受けられない。しかし、例えば行政側の教育現場による財政面での支援にみられるような「多文化共生」のための施策は、あくまでも彼ら南米系日系人の母国語であるポルトガル語やスペイン語を尊重しながら、「生活者」として日本で生活を送っていくために、「もしも、日本語が必要ならば習得する機会を設けよう」という立場を貫いているはずの状態である。少なくとも、上からの目線で「日本で生活したいのなら、母国語を捨てて日本語を修得せよ」という立場では決してないはずである。
　同化理論に従えば、移民を含めたマイノリティ集団がマジョリティである集団構成員に類似していくという同化理論は、北アメリカのような地域では実際に推進されてきたかもしれない。しかし、本論で扱う南米系の外国人労働者は、もとは日本人の一世にたどり着く人々であり、前述したように仮に純粋なブラジル人やペルー人だったとしても、日系人の「家族」として子どもまでをも含めて、来日している存在である。しかも、日本の財界関係者も認めるように、日本の少子高齢化を迎えた社会を充実させ、労働力を確保するためには、彼らはなくてはならない存在になっているといえる。そうした中で、文化を融合させたり、上から目線で言語を習得させたりするような同化理論はまったく、日本の現代社会の実情にそぐわないものと考えられる。
　以上述べたような現実問題から、外国人集住都市が直面しているのは同化策というものではなく、お互いの文化を尊重しながら、むしろ日本の行政の側が予算を使い、彼らを日本社会における「生活者」としてみる共生の立場が優先されるべきであり、少なくとも日本における南米系外国人をめぐる環境を考察するにあたっては、両者はまったく性格を異にするものであるといえよう。

4-2 西洋諸国のほとんどでは「統合」としての認識が強い

　西洋の移民大国が採用している多文化主義の政策について、政治学の視点からウィル・キムリッカは、統合の条件の向上、つまりは統合の条件を公正なものにすることを合意しているとの観点から、基本的要素を２点述べている。この「統合」については前項の「同化」とも別の観点から述べられる言葉であり、ここでは、差別的であるか否か、あるいは上下の身分を意識した言葉かどうかは問わないものであると理解したい。その上で論じると、つまり、①統合は一朝一夕になるものではなく、何世代にもわたる困難で長期的な過程であることが挙げられる。そのため、特段の便宜をはかる必要が生じることになる。例えば、言語について焦点を当てると、移民が母語で受けられるようにすべきであり、また、定住や統合を補助する移民社会内の団体や組織を財政的に支えるべきであるとされる。

　さらには、②公共制度へ統合するにあたり、従来のマジョリティのアイデンティティに対して付与してきた尊敬の念と便宜を、民族文化的マイノリティのアイデンティティにも与えるよう保証する必要がある、としている。キムリッカは結局、公正であるためには、公的制度の規則や構造、省庁が移民に不利益を及ぼしていないかについて、調査する必要があり、必要に応じて障壁を除去するなど公的制度を改革しなければならないというのである。これは、マジョリティとマイノリティの間に格差が生じないよう配慮した理論だと受け取れる。

　そして、カナダやオーストラリア、アメリカで多文化主義の名の下に行われている大部分の試みとして、「移民集団の宗教上の祝日に配慮した勤務体系の見直し」や「移民集団の信仰に配慮した服務規程の見直し」、「反人種差別的教育プログラムの採用」などを掲げているが、その一つに「移民の子どもたちへの二言語教育の提供」を挙げている。英語で行う中等教育や高等教育への「つなぎ」として、初等教育は移民の母語で行うことが挙げられている。こうした考え方は日本における外国人学校などで実施さ

れている母語による教育と日本語学習の併用により期待できる効果につながるものとみられるが、残念ながら国家全体で行われる多文化主義政策とまではたどりついていないのが現状である。

さらにキムリッカは、多文化主義を実現するためには「双方向」の関係が成立することを求めている。移民出身の市民からみると、新しい社会に参加し、言語や歴史、制度を学ぶように期待される。一方、移民を受け入れる側も移民出身の市民と関わり、彼らのアイデンティティや慣習に配慮して制度を変える必要が出てきているのである。また、移民出身の市民は受け入れる国に新たな「故郷」を作ることが期待されているが、受け入れる側も移民に対して、その地が「安心・安全」な土地であることが保証されなければならないのである。

日本の外国人集住都市における南米系の住民は、必ずしもキムリッカが述べる「移民」とは、置かれた環境や集住目的が異なるかもしれない。しかし、この「双方向」型の意思を疎通させる関係性を成り立たせることは、必ずしも移民とは言い切れない南米系外国人を受け入れている日本のケースにも十分当てはまるのではないかと考える。

4-3 差別や排除にもなる「共生」理論

本論の主題にも用いている「多文化共生」という語は、多文化共生政策（施策）を地方自治体レベルで行い、外国人集住都市会議を立ち上げた一人である元浜松市長の北脇保之によると、1990年代前半に神奈川県川崎市で最初に用いられ、その後、1995年の阪神・淡路大震災で被災した外国人への支援活動をきっかけに発足した「多文化共生センター」が設立趣意書に「多文化共生」の理念をうたった経緯があるということである。実際、現地では被災外国人への救援組織や「多文化・多言語放送局」との位置付けでFM放送局が開局した。そして、「多文化共生」という言葉は、地方自治体の定住外国人に関わる政策などを表す言葉として次第に広がり、

2006年の総務省による「多文化共生推進プラン」の発表へとつながるとされている[98]。

しかし、実はこの「多文化共生」という言葉は、場合によっては排除の理論につながりかねない危険をはらんだ言葉であるという説が、複数の研究者から挙がっていることは、とても興味深いものである。岩渕功一によると、共生理論に疑問を投げかける研究者の論点を5点に絞っている[99]。

第一に、日本ではそもそも戦後一貫して移民政策を採用しておらず、国家レベルで多文化社会に適した統合政策が議論されてこなかったということである。第二に「共生」という言葉が醸し出す心地いい調和的な響きが、多文化社会における不平等や差別といった側面を覆い隠してしまうということである。そして、第三に、現在の多文化共生は、地域住民の生活サポートに関する言説・実践にとどまり、ナショナルな次元での文化差異の承認と平等な権利の保障から巧みに切り離されたままである。また、第四には、多文化共生では、「地域社会の構成員として生きていくこと」が目指されているが、地域の住民というのは国民としての「日本人」ではないことを暗黙の前提にしてしまう恐れがあるということである。第五には社会の統合政策には地方自治体や地域コミュニティ、NGOなどの市民団体など、多様な社会の主体的関与が欠かせないとしても、それは国家レベルで提唱され、推進される必要があるというものである。

これについて北脇は第一、第三、第五に示されたように、日本では国家レベルで移民受け入れや多文化社会としての社会統合についての構想が正式な政策アジェンダとしていまだ取り上げられていないことについて、まったくその通りであると指摘している。確かに北脇は地方自治体の長として、外国人集住都市の行政レベルにおける多文化社会の実現を先進事例として行った人物であり、外国人集住都市会議の立ち上げや外国人学校の各種学校としての認可を国の構造改革特区として申請していた際も、国の動きは鈍かった。私は北脇氏の市長在任中に浜松市において、外国人集住都市会議や外国人学校の初認可の経緯を取材したが、国や県の担当者の反

【第6章】多文化共生とは何か 161

応はいまひとつ積極性に欠けていたように思う。

　また、同じ時期に行われる国政選挙を直前に控え、地元選出の国会議員に外国人労働者の問題についてテーマを絞ったインタビューを試みたが、こちらも当時の与野党に限らず、反応は鈍かった。これについての理由は明らかである。選挙で外国人労働者との多文化共生について有権者に訴えたところで、そもそも票を獲得することはできないからである。そうした国会議員の「損得勘定」意識も相まって、これまで国家レベルでの議論がおろそかにされてきたのだと私は考える。

　また、第二に挙げられた「共生」という言葉が調和的で、マジョリティによるマジョリティのための「外国人」の管理と当地の言説であるという説に北脇は著書の中で反論している。「共生」を推進する地方自治体や市民団体が、はじめから管理と統治の意図をもっていたとはいえない、というのが理由である。地方自治体として多文化共生の施策を推進した立場からはもっともな反論といえる。ただ、私としては、確かに「多文化共生都市」とか「多文化共生の街づくり」とスローガンを抱えてしまうと、とかく、予算をどれだけ獲得しているとか、「不就学の児童や生徒を何人減らした」などと数値で表すことが優先されがちで、肝心の外国人の生活がどのように不自由しているのか、教育現場で外国人の子どもがどういった点でつまずいているのかが見えなくなる可能性はあるかもしれない。政府も現時点では「生活者」としての外国人との多文化社会実現を目指している以上、「多文化共生」のための「多文化共生」、つまりは「スローガン倒れ」にならずに、生活者に密着した対応が必要だと思われる。

　ここで注意しておきたいのは、政府や自治体の政策や施策を考える場合、どれだけ外国人施策に予算を取っているかが問題となりがちである。本論においても日本語教師についての立場が不安定なために、予算を確保したり、制度を充実させるべきであるという論を展開したりしているのは事実である。しかし、予算を取れば、言い方を変えれば「金を出せば」、外国人住民のために充実した施策をしている証左といえるのだろうかと

いう疑問がつきまとうのも現実問題として忘れてはならない。行政組織というのは、そもそも国民の税金をもとに予算を組む、法律や条例の制度設計をする機関である。予算を組むということはそれだけ「予算を出された側」には、場合によっては物質面、ハードな側面で充実するというメリットもある一方、「言いたいことも言えない」「（お上の）言うことを聞かなければならない」など心理的なソフトな側面においてのデメリットの可能性も、低くないことは実態として挙げられるのではないだろうか。

また、第四の「地域社会の構成員」という捉え方が「日本人」ではないことを暗黙の了解としてしまうという理論に対して、北脇は「もっともだ」としている。これについて北脇は、「国籍をもつ『日本人』でない人々も一つの組み紐によって結ばれた社会の構成員と捉えることができる」としているが、私はこれこそが多文化共生の社会を実現するための、ひとまずの「目標」となる姿ではないかと考える。

さて、北脇自身は「多文化共生」について問題を4点投げかけている。まず一つ目は「多文化共生」が移民を十分にエンパワーし、その社会参加を推進するものであったかという点である。北脇は間接雇用の派遣業者から解雇された日系人が、日本語能力も職業技術も不足しているためになかなか次の職を見つけられないことや、外国人学校に行けなくなった子どもが地域の公立学校に行かず、例えば、浜松市が実践しているような補習などを行うクラスで対応する必要が生じていることなどから「とても十分であったとはいえない」と指摘している。

確かに、日本人の立場からすると、とくにスキルをもたない外国人労働者に対して、日本の政府や自治体が「そこまでする必要があるのか」という意見もあるかもしれない。しかし、南米系日系人をはじめ、外国人労働者を日本の労働力として受け入れた以上は、少なくとも企業側の都合で彼らの職を奪ってはならず、まして、企業組織における労働力の「調整弁」として雇用するようなことはあってはならないだろう。もともとは単純労働者として来日している人が多いことがわかっている以上、それを受け入

れた企業はもちろん、地元自治体などは、日本に来ている外国人が企業側の都合で放り出されることがないよう、配慮すべきであろう。昨今、日本人労働者で非正規雇用のレールにすら乗れない人には、ハローワークやその他職業訓練を行う組織が存在する。実際、労働者が雇用してもらいやすいような、例えば、パソコンのスキルを伝授したり、福祉の仕事の技術を助言したりと、あらゆる立場から支援しているのが現状である。単に外国人労働者だからというだけで、その機会を与えないのは「共生」社会のあるべき姿からはかけ離れているといわざるを得ないだろう。

　また、北脇の指摘する外国人の子どもたちへの支援であるが、単に公立校に通学する子どもだけではなく、別項で述べた南米系外国人学校に対する支援についても、地方自治体ばかりではなく、国や政府レベルで検討することこそ共生社会の実現に近づくものであると考えられる。

　二つ目として北脇は、中国や韓国・朝鮮からの外国人であるオールド・カマーの多い地域では、戦後早くから人権擁護に取り組んでいるが、ニュー・カマーの住んでいる外国人集住都市においては、いじめ問題など人権にかかわる問題があることを指摘している。いじめ問題は日本人同士でも大きな社会問題になっているだけに、人権問題やいじめの解決は学校や自治体、保護者など教育関係者すべてがかかわって人権尊重に取り組んでいる。そして、外国人集住都市だからこそ、海外の人との互いの文化を尊重できることをむしろその地域の日本人住民の「誇り」に結びつけるくらいの人権尊重を実現する必要があるだろうし、また、その可能性を秘めていると期待したい。

　三つ目に北脇が挙げているのは、入管法改正直後から南米系外国人が増え始め、移民の存在がどうしても「マイナス要因」となる現象を指摘している。財界トップの主張にもあるように、外国人労働者が少子高齢化の日本の社会問題を救う人々であることを、早く日本人が気づくことが先決ではないだろうか。

　四つ目として、地方自治体など政策主体とNPO・NGOなどとの連携

や信頼関係が十分築かれてこなかったとの指摘は、確かに行政の施策をみるとうなずける点が少なくない。例えば、南米系外国人が多く住む市町村にはNPOが多文化共生を実施しているが、地元自治体の施策とは別の次元で活動していることは否めないのではないか。もっとNPOなどの市民が単に語学ボランティアなどのレベルにとどまることなく、例えば、外国人集住都市会議などの運営に積極的にかかわる機会を設けるなど、行政とNPOの連携は大いに期待したい点である。ここではやはり予算の問題から離れるわけにはいかないだろう。「連携」といっても行政の仕事の実質的な「下請け」では意味がないだろうし、それによって多文化共生社会の一助となっているというイメージだけが先行する原因にもなりかねない。少ない予算で活動するNPOとしてどれだけ多文化共生に向けた活動ができるかについては、今後の研究課題ともなりうるテーマである。

　そして、浜松市長を歴任して、外国人集住都市としての施策を実現させた経験からであろうか、北脇は「移民は永続的なものであり、両者が双方向的に変化すべきもの」と捉えなければならないという指摘はもっともである。もはや南米系外国人は一時的に日本に来ているわけではなく、定住して、「永続的」な存在に変化していることは、別項で取り上げた日系ブラジル人の保護者へのインタビューなどから、必ずしもすぐに本国に帰国するわけではない実態があるなど、各地の外国人の実態を観察すればわかることである。北脇の指摘するように移民の「他者性」を過度に強調するべきではないことは、日本人の側はもちろん、外国人労働者の側も意識する必要がある。そして日本社会に生きる人々の「制度の共有による社会統合」という広い目標に位置づけられる、ということは納得できるが、かといって、かつての同化策とは明らかに違うレベルで、互いの立場を尊重しながら推進されることを望みたい。そういった状態になることが、前述したような多文化を取り巻く、地域社会での政治的な、あるいは経済的な状況や、伝統的社会慣習・文化などについても構造的、批判的に捉え直すことにも結びつくのではないだろうか。

4-4 「共生」理論の新たな考え方

「多文化共生」を実現するにあたり、これまでのリベラリズムの観点からの転換を今後の予測として示しているのが、白川俊介である。彼はまず、政治学者のジョン・グレイが「異なる善き生の構想と世界観を有する各人のあいだに同意を打ち立てることのできる政治諸原理を探求すること」としたリベラリズムの定義に異論はないとする立場で、リベラリズムは共生の政治理論であると位置づけている。そして、共生とは人々が自由に行き来できる空間で多種多様な人々が混ざり合って暮らすことであり、これを白川は「雑居型多文化共生世界の構造」と定義づけている。

その上で、政治経済学者のアルバート・ハーシュマンが例えば、近隣の居住空間が悪化した際に良好な居住環境を求める住民には、近隣の住民に改善策を提案する「発言」と他の住環境に移転する「離脱」の二者択一があるが、「発言」のほうが「離脱」よりコストがかかり「離脱」を選択すると思われがちだが、「特別な愛着」や「忠誠」によりその地区が好きであるから住み続けたいという思いから「発言を選ぶ」とした理論を用いている。つまり白川はリベラリズムの観点から境界線を取り払う「雑居型」は「離脱」の可能性を強め、社会的な協働は困難になるという解釈をしている。

そこで彼は「リベラル・デモクラシーの政治的枠組みの安定性にとって、ナショナルな境界線によって閉じられていることはきわめて重要な意味をもつ」としてリベラル・デモクラシーの政治枠組みが、ある程度閉じた社会において成り立つ政治原理であり、人類の歴史からも環境（哲学的には「風土」）への適応が多元的であることからすれば、望ましい多文化共生世界の構想としては「雑居型」ではなく「棲み分け型」が重要になるとしている。これは「それぞれのナショナルな文化に根ざした、個別的かつ多元的な政治枠組みが構想され、お互いを尊重しながら共存する」という意味の構想である。ここでは排除の理論より、むしろ、「ネイション」

を政治的な自決を志向してその決定に責任をもつ主体として尊重する構想であると考えられる。

　この理論においては諸外国や日本国内の特定の地域を具体例として挙げられているわけではないようである。少なくとも本書でみてきた外国人集住都市を見る限り、単に日本人住民と南米系の外国人住民とが混在している雑居型というよりも、むしろそれぞれの国の立場や外国人家庭の今後の生活などを十分尊重した上で、例えば、子どもの学校を選択するにしても日本の公立校に編入するか、本国のカリキュラムに基づいて授業が行われる外国人学校に入学するかは各家庭の意向が十分尊重されている。その上で、どのように効率的に日本語教育などができるか、日本で育っている期間が長い子どもに対する母国語教育をどうするのかについての検討がなされているのであり、決して単なるリベラリズムに基づく雑居型社会が構築されているわけではないとみられる。むしろ彼らの意向を尊重しようとする立場から、住居や職場、学校の選択についても外国人自身の選択にゆだねられていること自体、ある程度の「棲み分け」がなされているのではないだろうか。その上で、国際交流など人的交流が行われているのである。確かに日本の都市で生活を営む限りは、ゴミ出しなど日本のルールに則り生活をしなければならないのは事実であるが、だからといって、その社会構造を境界線がない「雑居型」と分類するのには無理があるのではないかと思われる。

4-5　多文化共生における人権と行政および法的課題

　実際、日本国内においても外国人との共生を進めるきっかけになるともみられる判例が出ている。外国人の子どもが教育を受ける権利を有することに限定しており、また、1978年のもので、時代的、社会的背景は現代社会とはだいぶ違う点があったことを承知の上で紹介すると、「最高裁昭和53年10月4日判決」において、「憲法第三章の諸規定による基本的人権の

保障は、権利の性質上日本国民のみをその対象としていると解されるものを除き、我が国に在留する外国人に対しても等しく及ぶ」と判示されている。このような考え方の流れに沿うと、外国人の子どもが教育を受ける権利については学習権の観念に照らし、さらに踏み込んだ保障をすることが必要であり、教育の目的を達成することは日本人であろうと入国管理法に基づいて日本に滞在している外国人であろうと、国籍を問わない普遍的な原理であり、日本国民であっても外国人であろうとも同じことであると解釈できる。[101]

70年代の国内の判例をみるまでもなく、すでに1948年の世界人権宣言を条約化した自由権規約（1966年成立）の第27条で、民族的、文化的、言語的な側面などからマイノリティの人たちの権利が明記されているほか、1989年に成立した子もどの権利条約第30条で同じような趣旨の条項が定められている。さらに、自由権規約の趣旨を尊重した「民族的、もしくは種族的、宗教的、言語的マイノリティに属する人々の権利に関する宣言」が1992年に国連総会で採択されたほか、2008年には第1回国連マイノリティ・フォーラムがジュネーブで開かれるなど、国際社会においてマイノリティの基本的人権が保障される動きが加速している。[102]

一方、マイノリティの問題を考えるにあたり、川村千鶴子は、古くギリシャ語で、「種をまく、ちりばめる」といった意味の「スピロ」という動詞と「分散する」という意味の「ディア」という前置詞から由来する「ディアスポラ(diaspora)」という言葉が存在しているが、古代ギリシャ人は「移民」、あるいは「殖民」という意味で使用していたことに注目している。[103]今日でも離散する越境者や移住者を包括的に「ディアスポラの民」と呼ぶことは移民政策を検討する上で重要であるとのことである。そして国籍や在留資格での分類だけでは、「〇〇人」という固定的な視点に追いやり、世代を超える移民の連続性が見えてこないことを指摘している。第一章で述べた「日系人」の定義づけの難しさにも通じるところではあるが、新たな歴史を築き上げる象徴としての「境界人」とか「周辺人」

という概念が新しい文化創造に結びつくことは、現代社会をみれば納得できることかもしれない。

　確かに日本政府も現代の日本社会に見られるような多文化社会が形成されている現状に対して、決して指をくわえてみているわけではない。2009年には内閣府の中に「定住外国人施策推進室」ができ、少子化担当大臣の所管となった。不安定な雇用や社会保険への加入など、社会保障の問題や地域における課題への取り組みに加え、子どもへの日本語教育充実などを掲げ、日系ブラジル人の子どもたちへの緊急支援に重点を置いてはいる。

　外国人学校はたとえ各種学校や学校法人化したとしても都道府県の管轄である、といった立場を当初は貫いてきた政府や中央省庁の中枢に対策室が設けられていることは、一定の評価ができる。しかし、現状はどの程度、実行力があるかである。国や県といった枠組みによる「縦割り組織」の縄張り意識を取り除いて、どれだけ外国人の子どもたちのことを考えて具体的な施策が考えられているかが重要となってくるだろう。

　マイノリティの子どもたちが母語と民族の歴史や文化を学ぶことや、母語による教育を受ける権利が認識され、国家はそれを制度的に保障する義務を負うことが明確にされつつあるが、日本の国内には国レベルの「対策室」ができたとしても、法には依然としてマイノリティの権利に関する明文規定がない。[104]こうした課題は「オールド・カマー」の学校について言及されることが多いが、南米系外国人のための外国人学校についても同じようなことが言える。行政の立場としては法律に則った対策が立てられるのが基本動作であろう。そうした中で、例えば「定住外国人」という言葉を用いた場合、どの子どもがその範疇に含まれるのか、あるいは含まれないのか、行政側や当事者にも戸惑いや不安が出てきているのではないだろうか。

　マイノリティの人権を尊重・保護する世界の動きの中で、外国人労働者を抱える日本としても、彼ら自身やその子どもの教育の場を保障することは必要不可欠であり、不十分な部分は可及的速やかに解決を図る必要があ

るのではないかと考えられる。

5 忘れてはならない「生活者」の視点

　日本の多文化共生については、ここ20年ほどを振り返ると、経済界が積極的に外国人労働者受け入れに賛成の立場をとっていたという背景がある。これは少子高齢化でいまや製造業などを中心として、外国人労働者とともに「共生」する社会を実現しなくては、日本の経済がまわらないという現実に直面しているからだといえる。しかし、日本人の心の中に根付いている価値観は、この国の経済の変化についていけていないのではないだろうか。それぞれの生活を振り返ってみても、住む地域に関わらず、日本人は異質な存在や人物を排除しながら自分の立場を尊重したがる価値観をもっていることは否めないだろう。そうした中で、「多文化共生」という言葉をスローガンのように唱えるだけでは、真の多文化共生社会を実現しているとはいえないのである。実際、国内でも外国人の権利を認めていると判断できる判例があるばかりか、世界レベルでも外国人労働者やその子どもたちの人権や教育を受ける権利を守る条約が制定され、日本もその主旨に賛同する立場にあるはずである。

　確かに都市コミュニティ理論からすれば、一般的に外国人が住むコミュニティの中では、とくにブラジル人などのニュー・カマーの人々は、生活の場である東海地域などを拠点にしながら「個の可能性」を切り開いているのが現状である。日本人の排他的な考え方については、むしろ、ニュー・カマーの人々の行動力により圧倒し乗り越えているとも言える。

　しかし、決して「上からの目線」をもとに「同化」の考え方とは別の次元で、「生活者」としての外国人という考え方から、同じく地域における「生活者」である日本人が出会い、対話する可能性をもっているのが現実ではないだろうか。文化は人間と共に生きており、文化に対する人間の主体性や創造性を軸に生活するといった「文化力」を形成してこそ多文化共

生の課題が解決できるのではないか。つまりは互いの文化を、あくまでも「生活者」の視点を忘れないようにしながら、尊重しあうことが多文化共生を名実ともに実現させる方策なのではないかといえる。

　また、「多文化共生」という言葉そのものについても、議論が分かれるところであり、多方面からの解釈がなされる。単に「国際交流」にとどまらない定義づけが行政や市民それぞれの立場で行なわれてこそ、名実ともに多文化共生が実現できるはずである。第5章から通じて考察すると、欧米における多文化社会の考え方は日本には通じない部分が少なくないといえる。欧米では宗教的な価値観の違いも含め、同化や統合が行なわれてきた例は歴史的にみても少なくない。しかし、現代日本に移り住む外国人労働者やその子どもたちの置かれた環境は決して同化や統合を求められるものではない。かといって、やみくもに「多文化共生」という語をスローガンのように掲げているだけでは、場合によってはその意味や定義の曖昧さからかえって差別や排除につながりかねない状況を生み出すので、注意が必要であると考えられる。

　このような生活者の視点を忘れないようにする考え方は、これまでみてきたように社会学や教育学のような立場から多くの先行研究がみられ、多くの研究者の理論や見解が存在する。また、「多文化社会」の発想は政治学の分野からの考察も多く、さらには、社会学の中でも前述したような地域コミュニティのあり方や地域社会学、都市社会学の観点からの考察に加え、社会心理学の立場から、日本人の深層心理に迫る方法もあることがわかっている。あるいは、広い意味での「共生」という観点からは福祉学の分野にも通じるテーマであり、人々の生き方やものの見方や考え方は広く哲学にも通じる課題と考えられる。また、第5章の小括でも触れたように、外国人労働者の母国であるブラジルやペルーの現在の移民政策はどのような状況なのかについても含め、これからも考え続けていきたい。

【第7章】

これからの多文化共生、外国人子弟の教育と日本のあるべき姿

1 これからの「多文化共生」概念とは

　第1章で述べたように、かつての日本人移民は、ブラジルやペルーにおいてホスト社会から受け入れられもし、一方で排斥や排除の対象となってきた。しかし、浅香幸枝によれば、定住しなければ差別の対象となりかねない北米に比べ、比較的に移民に対して違和感をもちにくい状況下におかれた「トランスナショナル・エスニシティ」であるとは言えるものの、漂泊して定住者となった住民がその土地の「主人公」になるには相当の労力を費やしたとみられる。[105]浅香によると、彼ら移民の現地での生活ぶりは「60％生まれた国の人、60％日本人」として120％分の働き方と努力を常にしてきたというのである。100％を超えた20％が日系人の「素晴らしさ」ということになるが、浅香は「受け入れ国」、「送り出し国」、「移民」、「受け入れ住民」といった「四方よし」の構図が成り立っているというのが、日系移民の特徴だったという。そして、異なって見える人は排除されやすいのが普通であるため、だからこそ、それを防ぐために違いを出して貢献するという力を秘めているのが、日系人であり、日本人の長所といえるのではないだろうか。日系人は単に移り住んだ社会から何かを与えられるだけの人ではなく、自分の能力を社会に還元してより良い社会を作ろうという志をもっているのである。

　このように移民先の社会の発展に寄与していた移民の文化や、文化を持ち合わせた外国人労働者やその家族に対し、今度は受け入れる立場になった日本の社会はどのように対応していくべきだろうか。浅香の述べるよう

に、昨今の外国人労働者の社会的な問題が外交問題に発展することを防がなければならず、そのための多文化共生の政策のあり方が問われているといってよいだろう。

浅香によると、日本の多文化共生政策は、①「個人」や②「家族」、③「地域社会」や④「くに（かつての『尾張のくに』のような地域ブロック）」、⑤「国民国家」や⑥「国際関係」、それに⑦「インターネット」の７つのレベルに分類して関係性を見出している。

①は他の国や地域に移動することで異文化と接することとなり、親や兄弟姉妹と異なるアイデンティティが生じることを意味する。②は家族関係の中でそのルーツにより決まる利益により選択されるもので、移民の中には「国籍の違う家族」というのも存在しうるものである。③については、日本の「地域」を考える場合、都市部でも地方においても「小学校区」というように地元の公立小学校を起点として、行政のイベントや防災の拠点を設けているのが普通である。互いに可視的であり、助け合うことができる範囲であり、一番の基礎的な部分となりうる。移民の子どもたちの教育についての公教育は、このレベルで行われていることは言うまでもないことである。

そして④は、例えば、現代社会においても「お国自慢」などという場合につかわれ、一度住み慣れた土地を離れて、海外に居住したときなどに意識される文化単位であるとされる。また、⑤は海外に行く際にパスポートを発行してもらう場合の行政単位として認識する場合が多くあり、また、⑥は二つの国家間における外交関係などを意識する場合にあてはめられる。これらは新たな多文化共生政策というわけではないが、注目すべきは⑦である。2000年代に入り、若い世代を中心にヴァーチャルな共同体がインターネットの世界で作り出されている傾向がみられる。⑥のような国際関係レベルでは、何度も国家間の移住を繰り返すことや二重国籍の個人も少なからず存在するとみられている。しかし、ヴァーチャルな世界では、そのような枠組みについては、すでに取り払われた共同体が無数に形成さ

れつつある。

　日本だけに注目をすれば、反対意見を持つ者や異質な者は排除されがちではあるが、現代の国際社会や日本そのものの「グローバル化」を念頭におけば、日本人が代々にわたり生き延びるために諸外国と人を通してつながっていかなければ、極論すれば、日本人の衰退に結びつくものである。インターネットを通じたヴァーチャルな共同体の構成員を何種類も重ねながら、自国民はもとより、外国人も大切な存在であることを、まずは意識することが大切な考え方になってくるのではないだろうか。

2　多文化共生を実現するための教育のあり方とは

　人口減少や少子高齢化が進行する日本において、外国人労働者が増え、移民受け入れの議論が開始されるのが現実的になってきている。文化の異なる人々との「共生」が必要とされ、確かに中央省庁レベルでも有識者による会議などが実施されているが、外国人を取り巻く教育状況があまりかわっていないことは、本論における現地調査の結果などからも明らかである。そこで松尾知明はマイノリティの視点から学校教育の構築に注目し、多文化共生社会を実現するためにも「ユニバーサルデザイン」としての多文化教育の展開を提案している。[106] 松尾は日本の教育の現状について、多文化共生の課題に直面する中で、日本の学校教育は子どものニーズに十分に応えられていないことを前提に指摘している。それは第一に、「落ちこぼれ」の外国人の子どもが少なくない点である。それは、日本語の初期指導しか提供できていない点を問題視している。さらに、日本の学校は画一的で、すべての子どもを同じに扱うことが基本で、外国人の子どもの異文化が剥奪されているとされる。

　そうした社会環境を根本的に見直そうというのが「ユニバーサルデザイン」的な発想である。ユニバーサルデザインは、障がい者や高齢者など、広い意味でのマイノリティというか、社会的に不自由な生活を強いられて

いる人々が、健常者とともに基本的な生活を送れるように、例えば、人々が集まる公共施設や電化製品などの場において段差をなくしたり、不便な部分をなくしたりしながら、過ごしやすい形に設計するやり方が一般的な解釈とされている。外国人の子どもたちをとりまく教育を考える場合、ユニバーサルデザインは、すべての子どもに公正で平等な教育を提供しようとする考え方であるとされる。つまり、マイノリティの立場や視点に立ち、社会的な公正の立場から多文化社会における多様な民族、あるいは文化集団の共存・共生をめざす教育理念であり、かつ、教育的な実践である。多文化共生におけるユニバーサルデザインとは、文化や言語、年齢、障がいなどの差異を問わず、誰もが利用可能であるように工夫する教育のことになるのではないだろうか。

さらに松尾は多文化教育の実践に向けて、多文化社会で生き抜く力をもつ市民、とくに外国人市民の育成を目指している。つまり、①社会的な平等として学力をつける、②文化的な平等として多様性を伸張する、③多文化市民の育成として多文化社会で生きる力（コンピテンシー）を培う、ことを掲げている。

例えば、①については、日本語会話力の欠如は目に見える形だが、数学や理科などの通常の教科学習で抽象度の高いもの、つまりは専門用語などがちりばめられている教科が苦手である点は、全体的な学力の向上を念頭に置けば非常に重要ではあるが、政策上は関心が払われていないとされる。これはごく一部の外国人集住都市においては、外国人の子どもに対して日本語学習に加えて教科の補習も行われている地域があるが、要員配置の面においても限定的であるのではないかと推察される。

また、②については、文化的に多様性があることこそ社会をダイナミックにする財産であり、また、価値のある資源ととらえることであり、さらに、③については多様な人々、および異文化空間において、共に考え、行動しながら社会を形成していく力が多文化市民の育成に不可欠という考え方である。

①から③のような教育を実践するために、松尾は「日本の教育の脱構築」を挙げている。これまでの教育現場においては、マジョリティとしての日本人の集団があり、編入してきた外国人の子どもたちはマイノリティに分類されてきた。仮に外国人の子どもたちに対する教育は、マジョリティの教育に適応できていない集団とされ、それ以外のマジョリティ集団は自分とは無関係であるとみなしがちであった。しかし、新しい多文化教育の根底には、個人というものは国籍や人種、民族、ジェンダー、セクシュアリティー、社会階層、宗教、思想信条、障がいの有無など、多種多様な複数の集団に所属しており、その立場に応じてマジョリティに属したり、マイノリティに属したりするのが普通であるとされている。そのため、多文化社会における教育では人間の「違い」の複雑性を自分自身の問題として捉えることが特徴とされている。そして、ユニバーサルデザインとしての多文化教育を実現するためには、マイノリティの視点から日本の学校の「脱構築」が必要であるという指摘は、外国人集住都市において、子どもの不就学を解消して、さらに日本語学習や一部ではあるが教科学習の補習を実現した次のステップに進むにあたっての新たな考え方として注目できる。

3　教育現場での国際化をどう実践するか

　教育現場において、「多文化共生」の考え方をどのように生かしていくかについて、実践的な試みが始まっているのも注目すべき事実であろう。本論の第6章でも考察したように、場合によっては「共生」という言葉は排除や差別につながりかねないといった理論を紹介したが、教育現場の立場から、佐藤郡衛は異文化間教育学の分野でも「共生」という言葉が「キー概念」として登場するようになったことを挙げている。[107] 例えば、「民族共生」とか「障がい者と健常者との共生」、「若年者と高齢者の共生」など価値的、理念的な用い方が多いが、佐藤も「共生」の概念が抽象的で情

緒的に使われることが多いため、逆に差別や人権侵害の隠蔽になりかねない問題があることを指摘している。また、「マジョリティ」とか「マイノリティ」といった固定した関係を前提にしているので、「共生」を唱えるだけでは不十分であり、教育界にも多様な取り組みを実践するにあたり、「共生」の意味を捉え直す必要性を主張している。

つまり、佐藤によると、「共生」とは多義的で、関わりをもたないような関係や権力関係のもとに成立するケースが考えられるという。つまり、「分離共存」や「支配―服従」といった関係が生じる危険がある。本来「共生」とは差異や多様性を前提にしてそこに「自由」と「平等」を認めてお互いの「対話」を通じて新しい関係を作り上げ、その結果として新しい価値を創造していくことだと述べている。異文化間教育学の分野でも人種や民族、ジェンダーや障がいの有無など、多様な文化を尊重し、公平な社会的処遇を求める動きがみられるというのである。

それでは佐藤の述べる定義に基づいて、教育界においてはどのような多文化共生が行なわれているのか。これについて佐藤は、「市民性の教育」の実践を掲げている。(108)日本国内の公教育を顧みると、その意義付けは「国民形成のための教育」と表すことができる。つまり、公教育は日本国内であれば「日本人」を育成するための教育といえる。しかし、外国人の子どもの今後の教育政策を考えるときには、佐藤は「国民形成」の考え方をなくし、外国人の子どもを「生活者」と捉え、日本社会を形成する一員として位置づけていく動きがみられるようになったものの、具体的な教育目標は「国民形成」から「市民形成」への転換が必要であるとされる。そして、この「市民性の教育」をいかに具体化するかが問われているということである。政府や中央省庁の出した提言でも「生活者」の視点という概念は盛り込まれているが、どこまで具体化できるかは教育現場に任されているといってよい。確かに教育現場の実態は現場教師がよく知るところかもしれないが、政府レベルでの政策づくりにも期待が寄せられるところである。

現代はグローバル化が進む時代といわれ、地球的相互依存社会とされる。つまり一国の利益や繁栄を優先させようとする国益主義を超えた、「人類益」と呼べる人類共通の価値概念の追求が不可欠となっている。つまり、地球規模での政治的、経済的、社会的、文化的相互依存関係や人権、環境、平和開発などの地球的課題の理解、そして、「地球市民」意識の形成、さらには、国内外の民族的・文化的多様性の尊重や多様な文化間の差別や対立を克服する態度を形成することが求められている。こうした観点からの教育は、国際理解教育と呼ばれている。1980年代は主権国家間の「相互理解」や「相互交流」を目指していたが、その後はこうした目的での教育が実践されている。グローバル教育とか多文化教育といった分野が包括された新たな形を作っているのである。[109]

　実際、多文化教育を実践している現場では、①文化理解、②文化交流、③多文化共生の3領域から学習内容が構成されている。とくに①の領域では、文化の多様性や差異性のみに着目するのではなく、異文化をもつ人々が生活の中で自分たちと同じように喜怒哀楽の感情をもっているという共通性に注目し、文化理解を通しての「自己」という場合は、「マジョリティ」としての日本人だけでなく、「マイノリティ」としての外国にルーツをもつ児童や生徒も含まれることを意識すべきだとしている。こうした考えを根底におきながら、例えば、多文化社会を考える事例としては、日本国内における移民の資料を集めた博物館見学や共同作業によるコンサートの実施を目標においた在日外国人との交流や、協力を実現している。

　いずれにしても多文化間における教育の理想的な姿としては、日本人を「マジョリティ」と位置付け、外国人の子どもを「マイノリティ」と二分した考え方ではなく、同じ人間としての共通性を見出す努力をした上で、同じ「生活者」としの目線で自分たちが現在暮らしている地域の発展を望む意識を育む方向にもっていけるか、現代の日本人に問われているのではないだろうか。

4 日本の多文化共生社会のあるべき姿

　これまで教育の分野に軸足を置きながら、日本の現代社会全体の実態をみてきたが、ブラジルやペルーなどの外国から労働力を求めても、受け入れるのはあくまでも「人」であり、「日本で生活する人」であることが考えられる。外国人労働者といっても、昨今、日本に移り住む人の中には、研究職などの職種に就く人も少しずつでは現れてきてはいるものの、その大半は、製造業を中心とした単純労働に従事していて、日本人との生活レベルに開きがある。さらに、本論でみてきたように日本語能力が基本的に欠如していることで地域コミュニティへの溶け込みを困難にしていて、その結果、地域社会に断層を生じさせ、明確な分層化をもたらす懸念がある。[110]このような現象をいつまでも続けさせないためにも、政府や文部科学省、それに外務省などは積極的に外国人労働者を地域の「生活者」としてみるとともに、地方自治体にだけ解決策を任せるのではなく、政策面での解決策を考える必要があるだろう。

　確かに本章でもみてきたように、教育現場レベルでは多文化共生教育は積極的に実践されていることがわかり、あくまでも不就学になりがちな外国人労働者の子どものサポートは、現場の実情をよく知る学校現場の教育関係者の尽力によるところが多いのではないかと考える。今後も外国人学校や公立校の分け隔てなく、外国人の子どもについても「生活者」の視点から日本語や教科学習の支援や、これからの進路指導も充実した体制が整備されることが望まれる。

　また、本論でも考察してきたように、日本語教師については、通常の小学校から高校までの教員免許とは別の次元で人材育成がなされている現実がある。通常の教諭が大学で教職課程の単位をとり、大学卒業と同時に免許を取得できるのに対し、日本語教師は一部の大学などを除くと、専門学校で必要単位と授業時間数が認定され、検定試験を受けることにより、就職先をみつける方向づけがなされるシステムになっている。そうした制度

自体は問題ないのだが、彼らの人件費が時給にしてアルバイトレベルなのと、場合によってはボランティアで教えているケースも多い。これは「日本語」という学習自体がまだ正式な「教科」として認められていないのではないかという側面もある。

　学校における日本人の児童生徒に対する教科の「国語」は、あくまでも文部科学省が定めるカリキュラムに従い、教科書も公認であるのに対し、これまでは外国人労働者など「日本語」を必要とする人については、その存在自体が「非公式」なものであり、そのための日本語科目も正式なカリキュラムにはなりにくい経緯があったのではないかと推測される。しかし、現代の日本社会のようにこれだけ外国人住民が増え、「生活者」としての視点から外国人労働者やその家族を考える必要が生じている以上、「日本語」の科目の、いわば「格上げ」をする必要があるのではないだろうか。そのためには、すでに外国人に日本語を教えている日本語教師の存在や教育現場が混乱しないような制度改革を望むことはいうまでもないのである。

　そして、外国人にばかり日本の社会に適応する姿勢を求めるだけではなく、日本人の側にも意識改革が必要である。グローバル化が盛んに叫ばれる中で、小学生から大学生までの若い世代については、多文化共生教育が少しずつ充実しはじめているため、カリキュラムの面では、現場の教師の意欲とセンスに期待する面が大きい。しかし、すでに成人になった社会人の世代については、少しずつでよいので、意識改革が必要とされるのではないだろうか。

　社会心理学者の南博によると、国内における多種多様な日本人論の総括として、日本人の国民性について論じている。一つは「日本は本来多民族社会であるが、天皇制を成立させた古代王権の出現以来、アイヌや琉球のように違った民族性をもつ民族はあるにしても、概ね中央権力の下で日本の国民性の枠の中へ強制的に組み込まれてきた。特に、明治以後日本人の自意識、国民性はしだいに統一されていき、こうして国民性は歴史的に

作り上げられた」という背景がある。そして、「日本の自然的地理条件が、特有の島国性・閉鎖性という国民性の一部を生み、特に江戸時代300年の鎖国がその傾向を強め、外国人を『異人』とする排外意識が生じた」と分析している。[111]

こうした背景から、現代の日本社会においても日本人は外国人労働者を「異質」な存在としてみるだけでなく、少子高齢化を迎えた日本の社会の中で正規社員と非正規社員の格差が広がり、「一度、非正規社員になると二度と正社員にはなれない」といった格差の固定化が進む中で「外国人労働者の増加は、日本人の仕事を奪うのではないか」といった懸念さえ生みかねない土壌となっている。

製造業を中心とする民間企業においては、1990年に入管法が改正になり、南米系外国人の入国要件が緩和されたにもかかわらず、2000年代前半あたりまで、長らく外国人労働者の人数を正確に把握・公表しない時期が続いていた。実際、外国人専門の斡旋会社などの存在も社会問題となったが、外国人労働者そのものについても、外国人が必要としている日本語の学習と同様、「非公式」かつ、「ブラックボックス」的な立場である時期が続いていた。

しかし、南米系の日系人は本来、日本から国策としてブラジルやペルーにわたり、現地に渡って以後も決して「新天地」として夢のような生活が待っていたわけではなかった。現地においても日本人移民が労働の「調整弁」の役割を担わされる場面もあり、苦労の連続であったのは、本論でみてきた通りの史実が物語る点である。その子孫が本国で仕事に恵まれず、自分の直接あるいは間接的なルーツといえる祖国である日本に期待を寄せて、まさに「新天地」を求めてやってきたにもかかわらず、コミュニケーションに不自由するだけでなく、仕事の内容も日本人の嫌がる仕事や下請けであるなど、ここへ来ても労働の「調整弁」にしかなれないとしたら、同じ日本人として他人事としてみていられるであろうか。本国で仕事に恵まれず、本来の「祖国」に来ても不自由な生活を送らなければならない二

重の苦労を強いられている姿は、単に法制度上の人権侵害などとは言っていられないのではないだろうか。

確かに日系２世以後は、本国で地元の人と結婚して、代替わりのたびに日系の「ハーフ」や「クォーター」となっているかもしれない。実際、本論のインタビューに応じた南米系日系人の保護者の中にも、純粋なブラジル人が南米系日系人の配偶者として来日しているケースが見受けられた。だからといって、「彼らは純粋な日本人ではない」と言いきることができるのだろうか。本論でも「日系人」の定義、どうして「系」という枠組みを用いるのかについては論議を呼んでいる分野であることをみてきたが、南米系日系人であったり、その配偶者が純粋なブラジル人だったりしたとしても、日系人の家族として来日している以上はやはり「純粋なブラジル人だから」と線引きすることは不可能であろう。

彼らは日本にルーツをもつ南米系日系人の家族として、一時的だったとしてもその人生の一部を過ごす「生活の場」を日本に求めてやってきているのである。そこで「外国人」に対する差別意識や偏見が存在するというのは、南の言うような日本人の古くからの特徴、性格だから、というだけでは、少なくとも現代社会においては済まされない現実が存在するのではないだろうか。

どんなことでも問題解決のためには「お上（かみ）」に頼ればいいというものでもない。本論においても、例えば日本語教育について、地方自治体だけに任せるのではなく、政府や中央省庁のレベルでも考えるべきであることを主張してきた。これも実は注意を要する発想である。つまり、政府や中央省庁、あるいは地方自治体であっても、行政のレベルで予算額を増やしたり、仮に今後、条例などの面で整備がなされたりしたとしたら、その地域はそういった予算や法律や条例の側面だけを切り取るだけで、本当に「多文化共生」を実現していると言い切れるのだろうかという疑問が残るのである。

実際問題として、外国人集住都市とされる地方自治体では、教育をは

じめとする外国人施策の予算を他都市に比べて多くの額を目に見える形でつけている。そのこと自体は否定や非難をするものでは決してない。例えば、違う研究領域ではあるが、民事裁判で「精神的な苦痛を伴った」という理由で損害賠償を求める場合は、やはり金銭の額が「損害」の最終判断の決め手となりうる。もちろん金銭の額で人間の生活すべてが解決するわけではないが、ある分野の「度合い」を決定づけるものとして金銭の額を基準に考えることは、現代社会では十分ありうることである。それを前提に考えれば、他都市に比べて予算措置を講じている外国人集住都市の行政やその予算配分を認定する地方議員の外国人住民に対する理解の度合いについては尊重し、さらには評価すべき点が少なくない。

しかし、人間社会すべての問題点を「お上」である政治や行政に頼ることは現実問題として限界が生じる恐れがあるのではないだろうか。その一つの考え方として、行政に頼るということは、場合によってではあるものの、予算措置が講じられたその時点で「予算を配分する側」と「その恩恵を受ける側」との主従関係が出来上がり、行政サイドの方針に逆らえない実情が生じる可能性があることも否定できないのではないだろうか。

学校関係者のインタビュー調査の中で、ある地域のブラジル人学校は必ずしも各種学校や学校法人の資格認定を希望していないことについて理由を求めたところ、「書類など日本語で何枚も作成しなければならない不自由があることのほかに、予算措置や法人格の認定を受けると、カリキュラムなどの面で不自由が生じたり、自由な裁量に任せてもらえない立場に追い込まれたりする懸念があるからではないか」といった意見が聞かれた。

多文化共生の実現に向けては、もちろん政治や行政の力があってこそ実現できる部分が少なくないのも事実であろう。日本政府や中央省庁はもっと外国人集住都市のような地方自治体と協力して、外国人労働者を「生活者」として支援する必要があるだろう。外国人学校は私塾、または、地方自治体が認可する各種学校や準学校法人だから、と第三者的な立場をとるのでは、グローバル化が進む日本を引っ張る一国の姿とは感じられない。

【第7章】これからの多文化共生、外国人子弟の教育と日本のあるべき姿　183

本当に多文化共生を日本という国の枠組みで実現するためには、あくまでも国民一人ひとりの認識を深めることが必要で、新たな多文化共生都市を抱える国の一員として、新たな文化を創る努力が求められていることは、大いに考えられるのではないだろうか。

　こうした多様な考え方や価値観が伴う多文化共生のあり方について、本論では教育現場の実態を念頭におきながら論じてきたものの、日本社会のあらゆる立場において、まだ結論が出ていないのが実情である。しかし、「待ったなし」の状態で、南米系に限らず、ありとあらゆる国々から外国人労働者や住民が日本に移り住み続けている時代となっている中で、もともと日本に住んでいる日本人でも、外国から仕事を求めてやってきた外国人やその子どもたちなどが互いの立場を尊重し、納得しながら生活できるものである。これからも少しでも日本の国民や外国人住民の一人ひとりが、例えば、教育環境の充実などをはじめとして、最大公約数的に共有できる結論に達することができるよう、日本国内の誰もが考え続けることが必要になってきているのではないだろうか。

　結局のところ、「多文化共生」の実現に向けては、日本人が、移住してきている外国人を名実ともに同じ「生活者」として受け入れる考え方をもつ意識改革が迫られているのである。国際化が叫ばれる中で、現代の日本には「多文化共生社会」の実現が不可欠である。その実現に向けては、政府や中央省庁、地方自治体が制度や予算面でバックアップする図式が必要だと考えるが、それだけでは不十分である。まずは、日本の国民一人ひとりが、自分の住んでいる地域や職場を見渡せば、どれだけの外国人が自分の国に多く住んでいるのか、あるいは、彼らとともに仕事や生活をしていかなければ、もはや社会の「歯車」が回らない情勢になっていることを、身をもって認識する必要があるだろう。

　これまで考えてきた「多文化共生」のあり方についての理論について、これといった結論が出るにはまだ、時間がかかると思われる。今後においても、さらなる研究を重ねていかなければならないだろう。

【おわりに】

　現代の日本において、とくに東京23区内などの都市部を歩いているだけで、中国語や韓国語など、あらゆる外国語が聞こえてくる。日本はまさに国際化しているのがわかる。しかし、これだけ私たちの職場や学校など、生活の中に日本人以外の人々がいるのに、彼らとどういう形で暮らしていくのか、きちんとした方針が示されていないのが実情ではないか。もちろん、筆者のような世代よりも若い大学生や専門学校生などはごく普通に外国人の友達を作って生活しているのがわかり、世代により価値観も違うことがわかることからも、あまり心配しなくても彼ら若者がごく自然な形で多文化共生社会を実現してくれそうな要素があるのも事実である。

　しかし、「時間が解決してくれるだろう」と次の世代に宿題を回してしまうのは、やはり無責任というしかない。多文化共生社会が来ていることがわかった時点で、その現役社会人の世代が何らかの方向付けをする責務があるのではないか、との課題のもとに、本書を記した経緯がある。

　外国人のことばかり考えていると、肝心の日本人はどうなるのか、といった声が聞こえるかもしれない。しかし、本当にグローバル化を目指したいのならば、日本の国を確固たる責任ある国に発展させることは、保守系、革新系の政治の思想がどちらに好意を寄せていようとも、日本人すべてに投げかけられている課題なのではないかと考えられる。

　多文化共生と一言でいっても複雑多岐に渡り、研究者によってその定義づけもまちまちであるか、または何事もなかったかのように、定義づけが後回しにされている実態が浮き彫りになった。本書を執筆するにあたっては、多文化共生の中でも特に南米系の外国人に限定し、とくに彼らをとりまく教育問題に焦点を絞った。しかし、多文化共生の課題は広く、深く、まだ研究しなければならない課題が多いのも事実であろう。例えば、本書では、移民の歴史や外国人学校の実態、それに中央省庁や各自治体といっ

た行政側の課題を取り上げたが、外国人労働者に一番かかわっているのは、製造業などを中心とした民間企業である。

また、多文化共生を考えるにあたっては、教育だけではなく、文化そのものや福祉などを取り上げる課題もまだ計り知れない。そのような課題についても今後の研究課題として続けて研究していくことを記しておきたい。

なお、本書執筆にあたっては、国内で南米系外国人学校の先進事例を作り上げた、「ムンド・デ・アレグリア学校」(静岡県浜松市)の松本雅美校長、「日伯学園」(群馬県大泉町)の高野祥子理事長、それに静岡県浜松市、群馬県大泉町、兵庫県宝塚市の国際および教育行政部門の責任者の方々には、多忙を極めるなか、インタビュー調査と写真掲載にご協力いただいたことを記しておきたい。また、本書の内容は、社会人大学院として知られる立教大学大学院21世紀社会デザイン研究科において研究を続けた成果をもとに加筆したものである。同研究科入学後、本研究の計画立案段階から執筆、完成に至るまで、節目ごとに丁寧なご指導いただいた中村陽一教授、吉田敏浩教授にも心から感謝を申し上げたい。

また、本書出版の話を快くお引き受けいただいた、揺籃社の清水英雄氏および編集担当の山﨑領太郎氏には、大変お世話になり、最後に感謝を申し上げます。

2014年4月18日

大　重　史　朗

〔おことわり〕
本文中の参考文献・引用文献に関わる研究者、インタビュー対象者については、本書の性格上敬称略とさせていただきました。

〈おもな参考文献一覧〉

1）総務省統計局労働力調査2013年6月分
   http://www.stat.go.jp/data/roudou/sokuhou/tsuki/pdf/201306.pdf
   2013年7月31日閲覧
2）総務省統計局 「平成24年就業構造基本調査」
   http://www.stat.go.jp/data/shugyou/2012/pdf/kgaiyou.pdf
   2013年7月31日閲覧
3）「投資コスト比較」日本貿易振興機構
   http://www.jetro.go.jp/world/search/cost/　2013年8月2日閲覧
4）第32回、42回、海外事業活動基本調査結果概要確報　経済産業省
5）「平成24年末現在における在留外国人数について（確定値）」法務省2013年6月14日報道発表資料
   http://www.moj.go.jp/nyuukokukanri/kouhou/nyuukokukanri04_00034.html
   2013年8月1日閲覧（114頁に別表）
6）2013年4月現在の外国人集住都市会議への参加都市は、群馬県伊勢崎市、太田市、大泉町、長野県上田市、飯田市、岐阜県大垣市、美濃加茂市、静岡県浜松市、富士市、磐田市、掛川市、袋井市、湖西市、菊川市、愛知県豊橋市、豊田市、小牧市、三重県津市、四日市市、鈴鹿市、亀山市、伊賀市、滋賀県長浜市、甲賀市、湖南市、愛荘町、岡山県総社市の27都市。この他、外国人が多く居住していても会議に不参加の自治体もある。
7）森本豊富、根川幸男『トランスナショナルな「日系人」の教育・言語・文化―過去から未来に向かって―』（明石書店 2012年）256頁
8）池上重弘『ブラジル人と国際化する地域社会』（明石書店 2001年）のうち「はじめに」の項
9）石田智恵「〈日系人〉というカテゴリーへの入管法改正の作用」『コア・エシックス Vol.5』（2009年）427－433頁
10）岡部牧夫『海を渡った日本人』（山川出版社 2002年）5－8頁
11）『海外移住統計　昭和27年度～平成5年度』126－127頁　国際協力事業団 1994年。

12) 前掲10、17-18頁
13) 前掲10、23頁
14) 前掲10、33頁
15) 前掲10、40頁、43-44頁
16) 前掲10、44-48頁
17) 鈴木譲二『日本人出稼ぎ移民』(平凡社 1992年) 135-169頁
18) 前掲17、145-146頁
19) 前掲17、154-155頁
20) 前掲17、160-161頁
21) 前掲17、163-165頁
22) 前掲17、169頁
23) 前掲17、103-133頁
24) 『朝日新聞』(名古屋本社版) 2012年9月2日「進出意欲高い日本企業」
25) 『日本経済新聞』2013年9月24日「ブラジル、成長期待底堅く、消費旺盛、中間層けん引」
26) 『読売新聞』(大阪本社版) 2013年5月4日「ブラジルパワーに注目」
27) 『読売新聞』2013年1月16日「素顔のブラジル・変わるサッカー王国 (中) W杯・五輪特需に沸く」
28) 『日本経済新聞』2009年4月17日「政府が帰国支援金 日系人離職者ら対象」
29) 『日本経済新聞』2013年9月28日「日系人の再入国認める」
30) 『朝日新聞』2013年12月1日「ブラジル 動く新中間層」
31) 『毎日新聞』2012年1月31日「中南米の乱・ペルー編(上)米開発の犠牲に反旗」
32) 『朝日新聞』2013年5月26日「黒船歓迎、ペルーの自由化」
33) 日本貿易振興機構アジア経済研究所『ペルー情勢報告』(2012年7月)の中の清水達也氏の「経済モデルの継続」
34) 『日本経済新聞』2013年1月9日「南米通貨、ドル高受け堅調」
35) 関東弁護士会連合会『外国人の人権』(明石書店 2012年) 170-171頁
36) 田中宏『在日外国人 第三版』(岩波書店 2013年) 28-40頁、222頁
37) 法務省入国管理局 「新しい在留資格制度がスタート」
   http://www.immi-moj.go.jp/newimmiact_1/ 2013年10月22日閲覧
38) 前掲8、19頁

39) ムンド・デ・アレグリアのHPの「歩み」のページ
 http://www.mundodealegria.org/chronologicaltable/ 2013年8月9日閲覧
40) 私立学校施行細則（東京都）昭和25年4月8日、例えば「第一条第六項」など
41) 静岡県浜松市企画部国際課「外国人の子どもたちに夢と希望を」『自治体国際化フォーラム』（自治体国際化協会 2006年12月）24－26頁
42)『朝日新聞』2004年3月18日「南米系の外国人を各種学校として認可　静岡県方針」
43)『朝日新聞』（静岡版）2004年3月21日「夢続く　外国人学校認可へ県が『静岡方式』」
44)「ムンド校」の現状やそれをデータについては、いずれも2013年4月現在、同校の松本雅美校長への聞き取り調査やパンフレットによるものである。
45) ケース①、②ともに、「ムンド校」に子どもを通わせる母親で、同校の紹介により、匿名を原則として、インタビューを了解してもらった。年齢や生活内容、家族のその後の定住計画などは、いずれもインタビュー当時のものである。
46) 浜松市企画調整部国際課「平成25年度浜松市の国際化施策の概要」
47) 日伯学園についてのデータは同校のパンフレットや同校理事長の高野祥子氏へのインタビューに基づく。
48) 群馬県大泉町　同町作成の南米系日系人に関する資料による。
49) 2012年にそれまでの外国人登録に代わり、住民基本台帳への適用がなれることとなったため、2012年以降のデータについて「外国人登録者」の名称は使用しない。
50) 2009年に大泉町が行った、外国人店舗や事業所経営者、従業員への聞き取り調査の集計結果による。サンプル数は南米系に限らず、国籍を問わず100人。
51) 2009年に行った、「(南米系) 外国人への緊急アンケート調査集計結果」によるもので、サンプル数は477人。
52)「宝塚放火殺人　中3の2人少年院送致」2010年8月24日　読売新聞（大阪本社版)
53)「宝塚・中3放火　再三のSOS見逃し　教師ら悔やむ」2010年7月16日　読売新聞（大阪本社版)

54) 『AERA』2010年7月19日号　80－81頁「女子2人の『閉じた関係』『両親放火殺害計画』を実行した宝塚・中学3年」
55) 「宝塚放火　『家の中で疎外感』長女供述」　2010年7月10日読売新聞（大阪本社版)
56) 前掲53
57) 宝塚市立中学校生徒宅火災事案に関する調査専門委員会「市立中学校生徒宅火災事案に関する調査報告書」2011年5月
58) 朝日新聞（阪神版）2011年8月30日「児童虐待情報　DB化し共有」および朝日新聞（阪神版）2011年11月28日「在日外国人孤立させぬ　宝塚の放火事件教訓　NPOが拠点開設」
59) 宝塚市外国人市民懇話会「宝塚市外国人市民懇話会提言書」2002年8月
60) 宝塚市の予算措置などについては、宝塚市国際交流協会「宝塚市立国際・文化センター指定管理教務報告書」(2012年度)、宝塚市教育委員会「日本語の不自由な幼児児童生徒サポーター派遣事業設置要綱」に加え、市と市教委関係者へのインタビュー調査に基づく。
61) 文化庁文化部国語課　「日本語教育の推進に向けた基本的な考え方と論点の整理について　文化審議会国語分科会日本語教育小委員会　課題整理に関するワーキンググループ」(2013年2月18日)
62) 例えば、同報告書の中の論点1、2、5、6、7、9、10
63) 外国人集住都市会議のホームページ
http://www.shujutoshi.jp/gaiyou/index.htm　2013年8月20日閲覧
64) 山本須美子「イギリスにおける中国系移民のエスニシティ」『東洋大学社会学部紀要』(2005年2月) 81－97頁
65) 佐久間孝正『移民大国イギリスの実験』(勁草書房 2007年)「はじめに」ⅰ－ⅳ頁
66) 前掲65、257－266頁。
67) 宮島喬『社会学原論』(岩波書店 2012年) 166－171頁
68) 前掲65、275－289頁
69) 宮島喬『共に生きられる日本へ』(有斐閣 2003年) 57－60頁
70) 　前掲65、261－267頁
71) Will Kymlicka(2002)Contemporary Political Philosophy,　千葉眞・岡

崎晴輝訳『新版現代政治理論』日本経済評論社2005年　502－524頁
72) 佐藤潤一　「多文化共生社会における外国人の日本語教育を受ける権利の公的保障」『大阪産業大学論集　人文・社会科学編』(2007年10月)　1－30頁
73) 北脇保之『「開かれた日本」の構想』(ココ出版 2011年) 128－147頁、山西優二「多　文化社会にみる教育課題」
74) 田尻英三・田中宏・吉野正・山西優二・山田泉『外国人の定住と日本語教育 (増補版)』(ひつじ書房 2007年) 105－127頁
75) 浅香幸枝『地球時代の多文化共生の諸相』(行路社 2009年) 22－26頁
76)『朝日新聞』(静岡版) 2004年10月30日「外国人子弟への教育充実を提言」
77)『朝日新聞』2006年３月14日「あらゆる職種に外国人労働者を　経団連会長」
78) 多文化関係学会編『多文化社会　日本の課題』(明石書店 2011年) 12－37頁
79) 前掲78、14頁
80) Walter L.Wallace(1997)The Future of Ethnicity,Race,and Nationality, 水上徹男・渡戸一郎訳『エスニシティ・人種・ナショナリティのゆくえ』ミネルヴァ書房2003年　100－114頁
81) 前掲78、14－15頁
82) 駒井洋・小林真生『移民・ディアスポラ研究３　レイシズムと外国人嫌悪』(明石書店 2013年) ９－25頁
83) 前掲82、166－181頁の濱田国佑氏の文章
84) 濱田国佑　「外国人集住都市における日本人住民の排他性／寛容性とその規定要因」『日本都市社会学会年報28』(2010年) 日本都市社会学会101－115頁
85) 奥田道大・松本康『先端都市社会学の地平』(ハーベスト社 2006年) ８－33頁
86) 前掲78、22－23頁
87) 広田康生『エスニシティと都市 (新版)』(有信堂 2003年) 200－216頁
88) 広田康生　「トランスナショナル・コミュニティ・パースペクティブの諸仮説」『専修人間科学論集　社会学篇 Vol.3、№.2』(2013年) 71－80頁
89) 奥田道大『都市エスニシティの社会学』(ミネルヴァ書房 1997年) ３－13頁
90) 前掲75、108－111頁
91) 前掲8、220－225頁
92) 前掲69、２－16頁
93) 前掲69、40－41頁

94) 能勢桂介 「移民の若者の社会的排除 トランスナショナルなステップファミリーの場合」『生存学 Vol.6』(2013年3月) 立命館大学生存学研究センター編、生活書院 128−142頁
95) 梶田孝道・丹野清人・樋口直人『顔の見えない定住化』(名古屋大学出版会 2005年) 285−305頁
96) 前掲89、205−211頁、水上徹男氏の「同化・融合理論をこえて」の文章
97) 宇渕川妙子『〈市民の社会をつくる〉多元的共生を求めて』(東信堂 2009年) 47−61頁の吉富志津代氏の文章
98) 前掲73、66−73頁
99) 岩渕功一『多文化社会の〈文化〉を問う』(青弓社 2010年) 9−24頁
100) 白川俊介『ナショナリズムの力』(勁草書房 2012年) 4−6頁、177−183頁
101) 前掲35、176−177頁
102) 外国人人権法連絡会『外国人・民族的マイノリティ人権白書2010』(明石書店 2010年) 212−217頁
103) 川村千鶴子・近藤敦・中本博皓『移民政策へのアプローチ』(明石書店 2010年) 12−19頁
104) 元百合子「マイノリティの民族教育権をめぐる国際人権基準」『アジア太平洋レビュー』(2004年12月) 15−16頁
105) 浅香幸枝『地球時代の日本の多文化共生政策』(明石書店 2013年) 219−225頁
106) 松尾知明『多文化教育をデザインする』(勁草書房 2013年) 3−24頁
107) 佐藤郡衛『異文化間教育』(明石書店 2010年) 186−188頁
108) 前掲107、152−153頁
109) 日本国際理解教育学会『グローバル時代の国際理解教育』(明石書店 2010年) のうち64−67頁の森茂岳雄氏の文章
110) 山内一宏「多文化共生社会の構築を目指して」『立法と調査 No.275』(2008年1月) 参議院
111) 南博『日本人論 明治から今日まで』(岩波書店 1994年) 391−393頁

大重史朗（おおしげ・ふみお）
1964年生まれ。早稲田大学卒業後、産経新聞、朝日新聞、「AERA」などで記者を続け、2007年に独立し、フリージャーナリストに。現在は首都圏の大学や専門学校、予備校などで教鞭をとる。
主な著書に『消え去る大学　生き残る大学』（共著、中央アート出版社）、『メタボ健診は信用するな！～35歳からの男の健康学～』（共著、梧桐書院）、『大学生・新社会人のためのニュース解体深書──時事問題はこうして読み解け！──』（単著、揺籃社）。
立教大学大学院21世紀社会デザイン研究科修了（修士・社会デザイン学）。移民政策学会、社会デザイン学会などの会員として研究を続けている。

E-mail　tabunkaof@yahoo.co.jp

「移民時代」の日本のこれから ―現代社会と多文化共生―

2014年6月4日　初版第1刷発行
2016年1月1日　初版第2刷発行

著　者　大 重 史 朗

発行所　揺　籃　社
〒192-0056 東京都八王子市追分町10-4-101　㈱清水工房内
Tel. 042-620-2615　URL http://www.simizukobo.com/

© Fumio Oshige 2014 Japan　ISBN978-4-89708-340-7 C0036
乱丁・落丁はお取替えいたします